レイシズムを解剖する

在日コリアンへの偏見とインターネット

高 史明

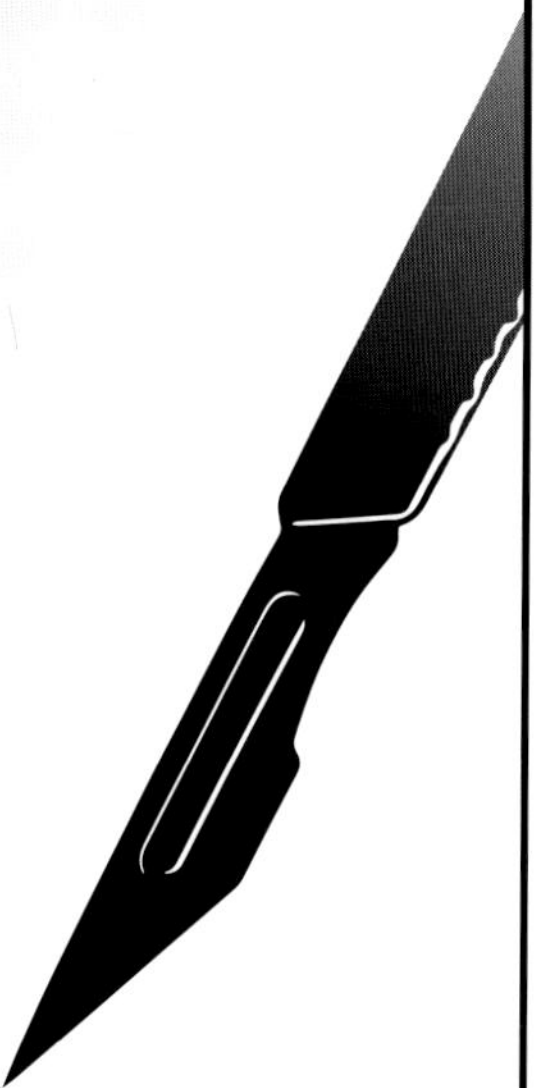

勁草書房

レイシズムを解剖する——

在日コリアンへの偏見とインターネット

目　次

はじめに

はじめに

本書は、二〇一四年三月に東京大学大学院人文社会系研究科に提出した博士論文「在日コリアンに対するレイシズムの研究：現代的レイシズム理論に着目して」に加筆修正を加え学術書としたものである。

現在、日本には二〇〇万人を超える外国籍住民がいる。これらの人々が平和に生活を営めるか否かは、制度的な差別を解消できるかどうかということのみならず、圧倒的多数を占める日本人住民が寛容な態度を醸成できるかどうかということにも、多くを依っている。

しかしながら、近年、インターネット・コミュニティを中心に、在日外国人、とくに在日コリアンに対する差別的な言説が盛んに流布されており、インターネット上で糾合し街頭での排外デモを組織する団体の活動も大きな社会問題となっている。

本書は、このような在日コリアンに対する差別的な言説の内容と、その背景にあるレイシズムの構造と性質を定量的に明らかにしようとするものである。

本書に掲載した研究の最も古いものは二〇〇八年秋に実施したものであるが、その頃、表立っては〝韓流ブーム〟により（在日コリアンも含めた）コリアンとの友好的なムードが形成されていた一方で、インターネット上では在日コリアンに対する差別的な言説がすでに大きなうねりをなしていた。のちに

2013年3月31日――新大久保にて，排外主義団体のデモ

京都朝鮮学校襲撃事件を起こし、構成員が刑事裁判で有罪判決を、民事裁判では多額の賠償命令を受けた悪名高い〝在日特権を許さない市民の会〟が発足したのは、その前年のことであった。

コリアンに対する差別・偏見は決して新しい問題ではない。戦後まもなく行われた調査においても、コリアンに向けられる日本人の視線はネガティブなものであったし、一九五〇年代の終わりにおいてもその状況は変化しなかった。

そしてまた、この視線が解消された時代もおそらく存在しなかったであろう。一九八〇年に生まれた私が在日コリアンを巡る問題に対する関心を抱いたのは、〝高史明〟という名前がコリアンであることを推測させるものであったために子どもの頃に繰り返し投げかけられた差別的な言葉がきっかけであった。コリアンに対する差別・偏見は、多くの日本人にとっては目に入らない、とっくの昔に解決された問題であったとしても、コリアンとして日本で生きる人々（それに、コリアンであるという疑いをかけられる者）にとっては、現にそこにある問題だったのだ。

しかしながら、二〇〇〇年代のある時期までは、在日コリアンについて露骨に侮辱的な言及を行うことは〝行儀が悪い〟ものであるという社会規範が存在していたように思われる。少なくとも、理性的な、基本的な教育を終えた大人がそのようなことをするものではないという暗黙の、ときに明示的な、了解があったと記憶している（その規範がしばしば、〝面倒なことに巻き込まれたくないから〟在日コリアンに言及すること自体を極端に避けるという形で守られるもので、好ましい集団間関係を意味するものではなかったとしても）。

そうした社会規範は、二〇〇〇年代に大きく揺らぎ、今では完全に崩壊したと言っていいだろう。二〇一五年の現在、政治家や学者、芸能人などの著名人が、在日コリアンや、あるいはコリアン一般について、衆人環視の中で差別的な発言をすることは珍しいことではなくなっているし、そのような振る舞いが社会的な罰の対象になることもほとんどない。私事ではあるが、友人や他の大学教員の口から差別的な言葉を聞くこともしばしばである。

本書は、目下進行中のこの状況を理解するための社会心理学的な研究の嚆矢である。したがって本書は、過去に存在し今では解消された問題についての本でも、最近になって突如出現した真新しい問題についての本でもなく、古くて新しい問題についての本である。もし仮に在日コリアンに対するレイシズムが完全に真新しい問題であったとするならば、今日のそれのように激しく噴出することはなかっただろう。集団への敵意が噴出するためには、それが育つ土壌がすでに存在している必要があった。例えば何者かが〝バッハ好き〟に対する偏見と差別を広めようという組織的で大規模な活動を行なったとしても、その試みがうまくいくことはまずないだろう。これは、在日コリアンとは異なり、〝バッハ好き〟

はそもそもにおいて蔑視されてもおらず敵意を向けられてもいないため、完全に新しく敵意を植えつけ育てるのが非常に困難であることによる。

しかしながら、現在進行していることは過去の単なる反復でもない。インターネット、とくに掲示板やTwitterのように個々人が情報を発信できるソーシャル・メディアの隆盛を無視するわけにはいかない。本書に収めた研究は経時的な変化についての分析を許すものではないが、出版に先立つ数年間を切り取ったものとして、有益な情報を与えてくれるであろう。

本書に収めた研究に共通する枠組みは、アメリカでの黒人に対するレイシズムの研究から生まれた、〝新しい種類のレイシズム〟の概念である。このレイシズムは、〝黒人に対する差別はすでに解消されているにもかかわらず、彼らは自分たちの努力不足の責任を差別に転嫁して抗議し、不当な特権を得ている〟とする考えに基づくものである。まさに現在日本でまことしやかに流される〝在日特権〟言説の兄であるかのようなこのレイシズムについての研究は、こうした言説がレイシズムの単なる付随物ではなくそれ自体がレイシズムの構成要素であり、分析の中心に据える価値があるということを教えてくれた。また、個々のマイノリティは特殊の存在であって他のマイノリティと交換可能な存在ではないとしても、彼らに向けられる視線には多くの共通性があることも教えてくれた。

その一方で、分析を進める中で、〝在日コリアンは日本人より劣っている〟という考えに基づく〝古い種類のレイシズム〟の影響力が今なお軽視できないものであることも、明らかになった。本書に収めた研究は、この新旧二つのレイシズムの分析を中心に展開される。

本書に収めた研究には、大別すると二種類のものがある。一つは、Twitter上での投稿を収集し、分析したものである。これらの研究は、現にインターネット上で交わされている言説の実態を明らかにするものである。インターネット上に差別的な言説が蔓延していることは繰り返し指摘されているが、それは数字で裏付けすることができるものであろうか？　どのような内容の情報が投稿されているのか、データを用いて明らかにすることはできるだろうか？

もう一つは、質問紙調査によるものである。これらの研究は、Twitter の分析からは明らかにはできない点について、詳細な分析を行なうものである。二つのレイシズムを分離することは妥当かといった基本的な疑問に答えるだけでなく、イデオロギーとレイシズムはどう関係しているだろうか？　とか、インターネットの使用とレイシズムが関連しているというのは本当だろうか？　といった疑問に答えるものである。

なお、本書の基礎的な部分は二〇一三年末から二〇一四年に執筆した博士論文によるものであるが、公刊にあたり、新しい統計やデータを記載すべき部分については極力最新のものを引用している。また、第2章第2節（2-2）は博士論文には掲載していなかったものである。

最後に、本書の位置づけは学術書であり、とくに社会心理学者や社会学者、学生の方が参照して今後の研究に役立ててくださることを期待しているものであるが、在日コリアンへのレイシズムという、目下社会的な関心が大きい問題を扱っており、一般の読者が手にすることも多いと思われる。そうした読者の方に向けて、以下の点を補足しておきたい。

実際にデータを取得して分析した第2章から第5章の各節の冒頭には、その研究で何を行うのかの簡潔な概要を加筆した。まずこの部分に目を通した上でそれぞれの本文に進んでいただきたい。また、その際に各節の基本的な構成を知っておくとよいと思われる。各節は実証的研究論文の慣例にならい、通常、〝問題と目的〟〝方法〟〝結果〟〝考察〟の四つのセクションからなっている。〝問題と目的〟セクションでは、先行研究やそれまでの自分の研究を踏まえて、その研究で何を明らかにしようとするかが述べられる。〝方法〟セクションには具体的なデータの取得方法（調査への参加者や質問項目など）が、〝結果〟セクションには分析に用いた統計的手法やその結果が記載される。最後に〝考察〟セクションで、結果の解釈やそれを踏まえた上でのその研究の意義、今後の展望などが述べられる。このうち、〝方法〟〝結果〟のセクションは専門家に向けて記載されている情報であり、一般の読者の方にとってはあまり有益ではないため、ひとまず流し気味に読んでいただき、〝考察〟を読みながら疑問が生じたときに振り返ってもらうのがよいであろう。とくに、〝結果〟セクションに記載されている図表は、〝考察〟を理解する上で大きな助けになると思われる。ただし、〝結果と考察〟と名付けられているセクションに関しては、〝結果〟と〝考察〟を行き来し、考察を加えながら新しい分析を行う形になっているため、一般の方にとっても有益であると思われる。多少難解かもしれないが、先に各節末尾の〝研究のまとめ〟に目を通したうえで、期待して読み進めていただきたい。

第1章　問題と目的

1―1　在日コリアンを巡る社会情勢――蔓延するレイシズムとヘイトスピーチ

日本には中長期在留者およそ一七六万人と、歴史的経緯に由来する特別永住者およそ三六万人の、あわせて二一二万人あまりの外国籍住民が居住している（法務省 2015）。また、日本国籍の民族的マイノリティとして、アイヌ系住民約二万四千人（北海道環境生活部 2006）、帰化したコリアンとその子孫五〇万人以上（金敬得 1995/2005）なども居住している。したがって、様々な国籍・民族の住民が平和に共存できるか否かは、しばしば単一民族国家と呼称されることの多い日本にとっても、重要な課題である。

しかしながら近年の日本における国籍・民族的マイノリティを巡る状況は、好ましい経緯を辿ってきたとは言いがたい。本書では、歴史的経緯にも由来して長年日本に居住する者が多く、今なお偏見の対象となっている在日コリアン[1]に対するレイシズム[2]について解明することを目的とする。

日本国籍を持たない韓国・朝鮮籍の住民である在日コリアンは、オールドカマーとニューカマー[3]を合わせて、およそ五〇万人が日本に居住している（法務省 2015）。近年若いコリアンの間で日本国籍の取

表 1.1.1　2004, 2014 年末の国籍・地域別中長期在留者・特別永住者数

国籍・地域	2004 年	2014 年	
	人数	人数	構成比(%)
中国	470,940	654,777	30.9
韓国・朝鮮	594,117	501,230	23.6
フィリピン	178,098	217,585	10.3
ブラジル	281,413	175,410	8.3
ベトナム	25,061	99,865	4.7
米国	47,745	51,256	2.4
ペルー	49,483	47,978	2.3
タイ	28,049	43,081	2.0
ネパール	4,105	42,346	2.0
台湾	—	40,197	1.9
その他	184,859	248,106	11.7
計	1,863,870	2,121,831	

法務省（2015），第 1 表より作成.
2004 年は外国人登録者のうち中長期在留者に該当しうる在留資格をもって在留するものおよび特別永住者の数．2012 年に外国人登録法が廃止されたため 2014 年のデータでは統計の算出方法が異なり，中長期在留者に特別永住者を加えた人数である．
2004 年の“中国”には，台湾も含まれる．

得（〝帰化〟）を行う者が増えたことにより年々減少中であるとはいえ、中国系住民についで2番目に多い在日外国人である（表1・1・1）。

このコリアンに対する日本人のステレオタイプ[4]と態度は、少なくとも戦後においては、好ましいとは言いがたいものであった。原谷・松山・南（1960）は在日コリアンに限定した研究ではないが、一九五八年の段階において、日本人学生が〝朝鮮人〟に対して〝きたならしい〟、〝だらしない〟〝くさい匂いの〟などのネガティブなステレオタイプを抱いていたことを示している。また、同じ研究において、〝朝鮮人〟に対する民族的好悪感情は、アジア・太平洋戦争開戦の一九四一年こそ〝日本人〟、〝ドイツ人〟、〝イタリア人〟に次いで調査対象となった12の民族集団の間で好ましい方から4番目に位置したものの、敗戦の翌年の一九四六年には〝ソ連人〟〝黒人〟〝ユダヤ人〟を下回る最下位の評価であり、一九五九年の段階でも同じ位置であったことが示されている（原谷ら 1960）。このような心理的側面を横に置くとしても、

在日コリアンは様々な制度的・文化的差別の対象であった。制度面では、外国籍であることを理由として、日本に安定的に居住しているにもかかわらず社会保障から排除されるなど様々な制約があったし、制度に基づかないものとしては、就職差別や居住における差別も様々な場面で見られた（金東鶴 2006; 金敬得 1995/2005）。

とはいえ、こうした差別に関しては、戦後日本はまったく歩みを止めていたわけではない。とくに、七〇年代から八〇年代にかけて、制度的・文化的差別には一定の改善が見られた。日本が国際人権規約（一九七九年）や難民条約（一九八二年）といった社会保障における内外人平等を求める規約・条約を批准したことを受けて、国民年金への加入、公営住宅への入居、児童扶養手当の受給などが在日コリアンにも認められるようになった。また、日立就職差別裁判での原告の勝訴（一九七四年）や、在日コリアンが司法修習生となることが最高裁判所の判断で認められた（一九七七年）ことなどを受けて、就職上の差別も、制度的なものか制度以外によるものかを問わずある程度までは緩和されていった。田中は、こうした在日コリアンの権利の伸長を、〝さながら、日本における〝公民権運動〟のひろがりの様相を呈し〟たと評している（田中宏 1995, p. 136）。これに伴い、公的な場面で表立って在日コリアンへの偏見を表明することは社会的に望ましいことではないという了解も形作られていったように思われる(5)。

一方で、一九九〇年代には小林よしのりの『ゴーマニズム宣言』がブームになり、一九九六年には「新しい歴史教科書をつくる会」が結成されるなど、日本の植民地支配を肯定したり戦争責任を否定したりする歴史修正主義的な動きが活発になり、そうした文脈においてコリアンを批判するような言説が目立つようになってきた。

こうした動きが勢いを増したのは、二〇〇二年に起きた二つの出来事であったように思われる。一つ目は、日韓共催のＦＩＦＡワールドカップにおける日韓の確執である。この大会そのものは成功に終わったものの、一方では韓国人サポーターの日本人選手に対するブーイングなど、日韓の確執を表面化させた。二つ目は小泉純一郎総理（当時）の訪朝により朝鮮民主主義人民共和国の日本人拉致への関与が明らかになったことである。これらの出来事はコリアンへの反感を多くの人々から引き出したようである。実際、安田（2012）がインタビューした排外主義団体の構成員も、日韓ワールドカップを自身のターニング・ポイントとして挙げている。この年を潮目に、インターネット上ではコリアンに対する侮蔑的表現や、在日コリアンが日本で様々な特権を得ているというまことしやかな情報などが、盛んに流布されるようになった。二〇〇三年と二〇〇四年にＮＨＫでドラマ『冬のソナタ』が放送され一大ブームになり、その後二〇〇〇年代を通じて様々な韓国製ドラマ・映画や音楽（K-Pop）が輸入され〝韓流ブーム〟が起きたにもかかわらず、他方で二〇〇五年には山野車輪『マンガ嫌韓流』がヒットし[6]、インターネット上の差別的言説も勢いを増していった。むしろ世の中が〝韓流〟に湧いており、国内的にも国際的にも韓国のプレゼンスが高まっていた時期だからこそ、インターネット・コミュニティの住人たちは、マスコミが情報操作されておりブームを〝捏造〟しているという妄想をたくましくしていったのかもしれない。〝在日コリアンの7割が生活保護を受けている〟[7]〝官僚の上層部や政治家には在日コリアンが多く、日本は在日の思い通りに動かされている〟[8]など、様々な流言・デマが生まれ、今日に至るまで流布され続けている。図1・1・1に、Google Trends における〝特権〟および〝在日 特権〟の検索ボリュームの変化を示す[9]。これは、人々の関心の強さの推移を表す指標の一つである。〝在日〟と〝特

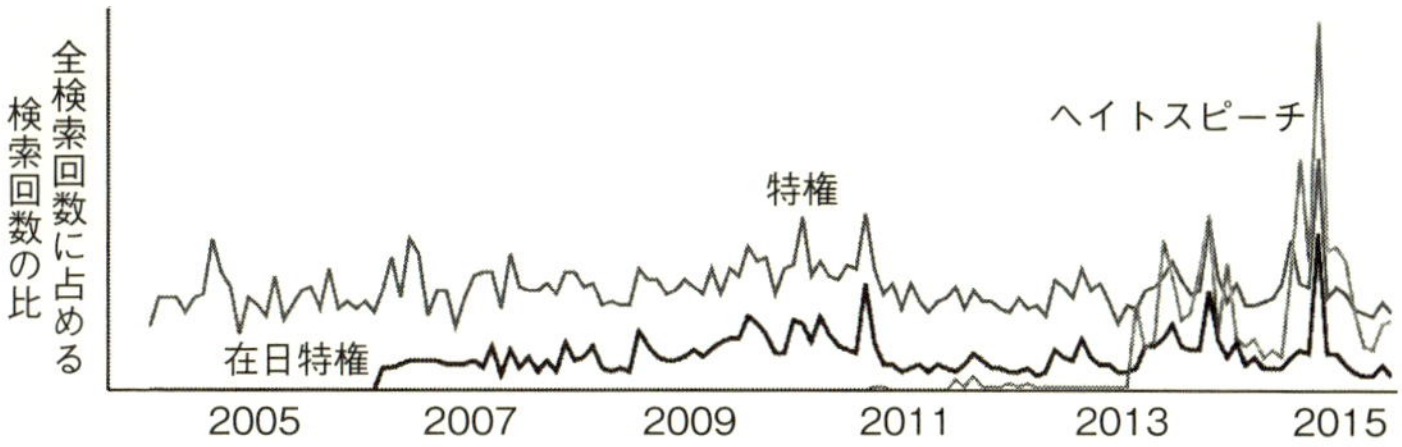

図 1.1.1　Google Trends における検索ボリュームの変化

縦軸は，全検索回数に占める特定の検索語を用いた検索回数の比を示し，最大値が上端に位置するように作図した相対値である．

権〟の組み合わせでの検索は、二〇〇六年二月に初めて分析可能なボリュームに達した後、〝特権〟を含む全検索の5分の1から2分の1程度を占め続けている。

　こうしたインターネット上での差別的な言説の高まりの中から、二〇〇七年に結成された「在日特権を許さない市民の会（以下、在特会）」など、旧来の右翼団体の枠に収まらない様々なヘイト・グループが生まれた。これらのヘイト・グループは、在日コリアンの日本からの追放や、ときには在日コリアンの〝虐殺〟を呼びかけるなど、過激な排外主義デモ・街宣を盛んに行っている。在特会は、過激なデモ・街宣の様子を撮影し動画共有サイトで公開するなどの方法でまたたく間に支持者を増やし、わずか四年で会員数一万人超を達成している。二〇一三年末の段階では、公称会員数は一万四千人を超える（在日特権を許さない市民の会、n.d.）。

　ヘイト・グループのターゲットは主としてコリアンであるが、コリアンばかりが被害を受けるわけでもない。二〇一一年夏には、ある俳優が[10]フジテレビの番組編成が韓国製コンテンツに偏っているとTwitter上で批判を行ったが、この発言への共鳴がインターネット上でまたたく間に広まり、フジテレビに〝抗議〟するデモが組織された。〝抗議〟の対象はフジテレビの番組のスポンサーである企業にまで及び、通販サイトのAmazon.co.jp(11)のレビュー欄にデマを書き込むなどの嫌がらせが盛んに行われた。また、民主党・社民党を中心とする非右派の政治家が実は在日コリアンであるという噂を流されるなどの事件も後を絶たない(荻上 2007)。

こうした動向は、二〇〇〇年代後半より、〝ネット右翼(net uyoku もしくは net right)〟の語とともに国内外のメディアで報じられるようになってきた(朝日新聞 2010; Fackler, 2010; Johnston, 2006)。とくに二〇一三年にはヘイト・グループの活動がいっそう先鋭化したことなどを受けて報道が盛んになされるようになり、〝ヘイトスピーチ〟に対する社会的関心が急増した(図1・1・1)。二〇一三年には、ユーキャン新語・流行語大賞のトップテンに〝ヘイトスピーチ〟が入選し(自由国民社 2013)、警察庁の〝治安の回顧と展望〟にも治安問題として〝右派系市民グループをめぐる動向〟の項目が初めて立てられ、極端な主張に基づくデモ・街宣とそれに伴う違法行為への懸念が表明される(警察庁警備局 2013)など、在日コリアンを中心とするマイノリティへの偏見と差別は、重要な社会的問題として認識されるようになった。

1—2　レイシズムの社会心理学的解明——新旧二つの偏見

このように、在日コリアンへのネガティブなステレオタイプと偏見は21世紀に入って再び隆盛を迎えた。こうしたステレオタイプ・偏見は、ある程度までは日本に固有の歴史(植民地支配や外交問題など)に起因していることは間違いない。その一方で、在日コリアンを巡る言説には、国内外の様々な対象に対するステレオタイプ・偏見との共通点を見出すことができる。そこで、アメリカにおける黒人へのレイシズムの研究を概観し、在日コリアンに対するものを研究する手がかりを得ることとする。

シアーズやマコナヒーらの研究によれば、黒人へのレイシズムは20世紀半ばに変容を遂げたという（Kinder & Sears, 1981; McConahay, 1986）。かつて主流であった黒人への偏見は、彼らの分類では古典的レイシズム（Old-fashioned Racism）、レッドネック・レイシズム（Redneck Racism）、ジム＝クロウ・レイシズム（Jim Crow Racism）などと呼ばれる。これは、黒人は道徳的および能力的に劣っているという信念に基づく偏見である。しかしこのような公然とした偏見は、20世紀半ば以降、社会的に容認されないものとなっていった。第一の契機は、ドイツのナチス政権が徹底した人種差別政策を行い多くの犠牲者を出した事実が広く知れ渡ったことであり、第二の契機は、一九六〇年前後の公民権運動を通して人種間の平等が訴えられたことであった。このような中で人種・民族間の平等がポリティカル・コレクトネスとして受け入れられるようになるに従い、古典的レイシズムは弱まり、人種政策に対する態度等への予測力も減じていった（Kinder & Sears, 1981; McConahay, 1986）。

代わって出現したのが、現代的レイシズム（Modern Racism; McConahay, 1983, 1986）ないし象徴的レイシズム（Symbolic Racism; Kinder & Sears, 1981; Sears & Henry, 2003; Sears & Jessor, 1996; Tarman & Sears, 2008）である。この偏見の内容は理論駆動というよりも経験的に明らかにされていったものであり、初期にはその構成要素が何であるかに多少のゆらぎが見られたものの、現在では以下の様な信念の集合に基づくものであることが受け入れられている。(1)黒人に対する偏見や差別はすでに存在しておらず、(2)したがって黒人と白人との間の格差は黒人が努力しないことによるものであり、(3)それにもかかわらず黒人は差別に抗議し過剰な要求を行い、(4)本来得るべきもの以上の特権を得ているという、四つの信念である（for a review, Sears & Henry, 2005）。〝象徴的〟の語が用いられるのは、一つには黒人は抽象的なアメリカ的価値観に反しているという信念に基づくレイシズムであることを強調するためであり、もう一つにはレイシズムが黒人の個人との接触経験によりもたらされるものではなく人生初期の社会化を通じて抽象的な黒人集団に対する偏見として発達することを強調するためである。しかしながら古典的レイシズムの場合にも直接の接触経験を介さずに抽象的集団への偏見として発達すると考えるマコナヒーらは、次第に現代的レイシズムの語を用いるようになった（McConahay, 1983, 1986）。現在では、実験研究ではマコナヒーの貢献もあり現代的レイシズムの語が好んで用いられる一方、調査研究では世論調査データ等を分析するシアーズの影響があり象徴的レイシズムの語を用いることが多いのだが、本研究では以後現代的レイシズムの語に統一する。

ここでアメリカ的価値観として言及されているものは、しばしば個人主義的価値観の代表としても扱われる、勤労と節制を尊ぶプロテスタント的労働倫理（Protestant Work Ethic）のことである（Kinder & Sears, 1981; McConahay & Hough, 1976）。すなわち、レイシズムは間違ったものであるが、レイシズムとは黒人が劣っていると考え人種分離を肯定することであり、黒人は怠惰であるという〝事実〟について〝批判〟を行うことはレイシズムではない、というエクスキューズを与えられるものが、現代的レイシズムである（McConahay, 1986）。黒人が〝特権〟を得ており、白人が〝逆差別〟を受けているという認知の高まりは、ノートンとソマーズ（Norton & Sommers, 2011）も指摘している。彼らの研究では、白人の回答者においては黒人に対する差別の認知が弱まるのと引き換えに白人に対する差別の認知が強まり、二〇〇〇年代についての回答では白人に対する差別の方が黒人に対するそれよりも強いと評定されていた（このようなトレード・オフは黒人の回答者においては見られていない）。

この現代的レイシズムが本当に古典的レイシズムよりも〝新しい〟のかについては、反論もある。リーチは、公民権運動により人種間の法的な平等が達成される以前から、古典的レイシズムは社会的に許容されていたわけではなかったし、逆に現在において見られなくなっているわけでもないことを示し、また差別の存在の否定も、近年になって初めて現れたわけではないことを指摘している（Leach, 2005）。そこで、本書では、古典的レイシズムと現代的レイシズムの交代が起きたことは前提とせず、しかしその両者は区別できるということを手がかりとする。

現代的レイシズムと内容面で類似した偏見は、スイムら（Swim, Aikin, Hall, & Hunter, 1995）が女性に対して、ウォールズ（Walls, 2008）が同性愛者に対して見出したように、被差別マイノリティの地位が改善された場合に普遍的に見られるものであると考えられる。したがって、日本における〝在日特権言説〟は、単にレイシズムに付随する日本に固有の言説として扱うよりも、むしろ国際的にも独特とは言いがたいレイシズムの一形態として捉えることができる可能性がある。そこで本書では、古典的レイシズム／現代的レイシズムの区別に着目しつつ、日本における在日コリアンに対するレイシズムの実証的研究を試みる。

コリアンへのレイシズムが古典的レイシズムおよび現代的レイシズムの観点から捉えられると考える理由は、先行研究及び、近年のとくにインターネット上を中心とした言説に求められる。先述したように原谷ら（1960）では、コリアンに対するステレオタイプは〝だらしない〟〝きたならしい〟〝くさい匂いの〟など主として劣等性に関わるものであり、古典的レイシズムに関わるものだったと言えよう。その一方で、ヘイト・グループの〝在日特権を許さない市民の会〟がその名に冠しているように、近年では〝コリアンは特権を持っている〟とする言説も盛んに広められている。これらは黒人に対するレイシズムで言うところの現代的レイシズムに関するものと言える。したがって、この二つのレイシズム概念は、日本における在日コリアンへのレイシズムの特徴をよく捉えているように思われるのである。

現代的レイシズム以外にも、現代におけるレイシズムの性質を捉えるための概念はある。代表的なものの一つは回避的レイシズム（Aversive Racism; for a review, Gaertner & Dovidio, 2005）であり、もう一つは潜在的偏見（Implicit Prejudice; Devine, 1989; Greenwald & Banaji, 1995）である。

回避的レイシズムもまた、主として黒人に対するレイシズムを解明するために提案された理論である。回避的レイシズムの持ち主は、平等という規範を内面化しているにもかかわらず、おそらくは無意識にネガティブな態度と信念を持っているため、マイノリティと接触すると不安を感じる。そのため、接触を避けようとするというものである。こうした回避的レイシズムの研究は、白人と黒人に異なる扱いをすることが正当化されないような場面では平等に振る舞う人々が、より微妙な状況下では差別的に振る舞うことがあることを示してきた（e.g., Dovidio & Gaertner, 2000; Hodson, Dovidio, & Gaertner, 2002）。

ここで述べられた無意識に生起するネガティブな態度および信念にあたるものは、潜在的偏見および潜在的ステレオタイプとして、近年注目を浴びてきた（Devine, 1989; Greenwald & Banaji, 1995）。これは、プライミング課題（Devine, 1989）や潜在連合テスト（Implicit Association Test; Greenwald, McGhee, & Schwartz, 1998）などによって測られるものであり、古典的レイシズムや現代的レイシズムなどの質問紙尺度を用いて測られる〝顕在的な〟偏見と区別される。例えばプライミング課題では、黒人の顔、名前、カテゴリラベルを提示した後には、白人のものを提示した後に比べ、黒人のステレオタイプに関する語やネガティブな語についての判断が速くなることなどを通じて、潜在的ステレオタイプや潜在的偏見が測定される。こうして測定された潜在的偏見・潜在的ステレオタイプの得点は、顕在的なものの得点とはしばしば乖離している（Devine, 1989）。

これらの現象も興味深いものではあるのだが、回避的レイシズムの場合には個人差を測定する効率的な方法が存在しないこと、インターネットにおける公然としたレイシズムの偏見の表明について扱う際に、現代的レイシズム以上に微妙な表出形態のレイシズムの理論を用いる必要性があまりない（また、後述する第2章の手法では、そうしたものを捉えることが技術的にも難しい）ことから、本書では現代的レイシズム理論に焦点をあてレイシズムの実態の解明を試みる。(12)

なお、ここまで論じてきた、また本書を通じて分析対象とするレイシズムは、主に偏見としての側面であり、差別としての側面は分析の主眼ではない。在日コリアンに対する行動・制度・文化における差別については法律家・法学者や歴史学者による研究の蓄積があり、その改善方法を巡ってこれまで盛んに議論されてきたところでもある（e.g., 金東鶴 2006; 金敬得 1995; 金仙花 2008）。他方で、偏見としてのレイシズムについては、これまでほとんど分析されてこなかった（cf. 原谷ら 1960）。しかし、偏見は、差別を存続させあるいは後押しするものとして、重要な要因である（for a review, Sears & Henry, 2005）。そこで、本研究はこの偏見としてのレイシズムに焦点を当て、分析することとした。ただし分析にあたっては、インターネット上での実際の差別発言なども用いている。つまり、現になされている差別を分析する際にも、そこで明らかにしようとするのは背景にある偏見であるということである。

1―3　本書の構成

以上のように、本書の問題意識は、現代における在日コリアンへのレイシズムの実態を明らかにすることにある。

まず第2章では、インターネット上で実際に流通している言説の性質を、Twitterでのツイート（投稿）の計量テキスト分析により明らかにする。Twitterや電子掲示板（BBS）[13]、ブログ[14]、SNS[15]などのソーシャル・メディアは、21世紀に入ってレイシズム言説が伸長するのに欠かせない役割を果たしている。またそこでの言説は、人々が日々接触し影響を受けるものであると同時に、彼ら自身の意見をアウトプットしたものであるため、その定量的分析は現在のレイシズムの実態を知る上で重要な手がかりを与えてくれるはずである。

第2章にはツイートの言説を詳細に検討した三つの研究と一つの補足を掲載する。まず研究1とその補足は、コリアンについてのツイートを収集し、分析したものである。これにより、古典的レイシズムと現代的レイシズムが現代において広範に見られることを示す。またマスコミへの不信や、インフォーマルなメディアへの傾倒がそれを下支えしていることなどを示す。次に研究2は、コリアンと同じく日本人にとっての外集団である中国人についてのツイートを分析したものである。コリアンについての言説との比較により、コリアンへのレイシズムを特徴付けるのが現代的レイシズムであることを示し、また前述のマスコミ不信などがコリアンへの言説でとくに強いことを示す[16]。最後に研究3は、日本人について言及したツイートを分析したものである。これにより、日本人にとってコリアンが最も重要な（頻繁に言及される）外集団となっていることなどを示す。

これらを受けて質問紙調査を行い、古典的レイシズムと現代的レイシズムの基本的性質を明らかにするのが、第3章である。第3章には古典的／現代的レイシズムについて検討した二つの研究を掲載する。まず、研究4は、複数の研究で用いられた質問紙の結果を総合して確認的因子分析を行い、古典的レイシズムと現代的レイシズムが、相関はあるが区別できる構造であることを明らかにし、他の研究で用いられる尺度の決定を行う。また、性別や年齢の効果といった、基本的なデモグラフィック変数の影響を検討する。次に、研究5では研究4で得られた尺度を用いて、より詳細な検討を行う。ここでは、古典的レイシズム／現代的レイシズムの予測的妥当性と弁別的妥当性や、測定された〝レイシズム〟が単なる事実の反映ではなく〝レイシズム〟と呼ぶべき性質を持つことを示し、また規定因の一つとして価値観の影響を検討する。

第4章では、第3章で明らかにされた二種類のレイシズムが、インターネットの使用と関係している可能性について検討する。はじめに、研究6でインターネット、テレビ、新聞の視聴・講読のうち、インターネットの使用のみがレイシズムを強める働きがあることを明らかにする。また、レイシズムとも関連の深い保守的イデオロギーについても、メディアの視聴・講読との関係を検討する。さらに、研究7では、インターネットの使用をより詳細に分類し、インターネットの様々な使用目的や利用サイト・サービスについて、レイシズムおよび保守的イデオロギーとの関係を検討する。

レイシズムを強める要因について検討した後、第5章の、最後の研究となる研究8では、レイシズムを弱める要因として集団間接触（Allport, 1954/1979; Pettigrew & Tropp, 2006; Wright, Aron, McLaughlin-Volpe, & Ropp, 1997）の効果を検討する。在日コリアンの友人もしくは間接的な友人（友人の友人）を持つことがレイシズムを緩和する可能性について検討する。

これらの研究をもとに、第6章での議論を行う。

注

（1）コリアンの名称には〝韓国人〞、〝朝鮮人〞なども用いられるが、それらはしばしばコリアンの総称としてではなく、韓国および朝鮮民主主義人民共和国という個別の国家に結び付けられて用いられている。そこで本研究では、韓国籍者と朝鮮籍者およびそれらに民族的由来を持つ者の総称としては、〝コリアン〞の語を用いることとした。ただし〝コリアン〞の語はさほど一般的ではないため、質問紙等で提示する際には他の用語を用いた（後述）。

（2）人種 race と民族 ethnicity は、しばしば生物学的基盤の有無で区別される。しかしながらこの区別は、偏見を研究する上ではさほど重要ではない（Zárate, 2008）。また、The New Oxford American Dictionary においても、race の語は ethnic group を指す場合もあると定義されている（"Race," 2005/2008）。したがって、本研究では人種偏見 racism と民族偏見 ethnic prejudice の総称として、レイシズム racism の語を用いる。この用法は、例えば人種差別撤廃条約などにおいて人種差別 racial discrimination の語が人種のみならず民族に基づくものも指すという用法とも一致している。

（3）在日コリアンの語は狭義には歴史的経緯に由来するオールドカマーのみを指して用いられる場合もあるが、一般の人々が言及する場合、ニューカマーとオールドカマーの区別はおそらくほとんどなされておらず、レイシズムの研究を行うにあたってそれらの対象を区別して検討することは困難であるし、あまり有益でもなかった。そこで本研究でも、単に在日コリアンと呼称する場合には、両者の総称として用い、質問紙で質問する場合はとくに断り書きは設けず回答者の自発的な理解に任せた。

（4） 本書では、ステレオタイプ、偏見、差別、の語をそれぞれ異なるものとして用いる。ステレオタイプ（stereotype）は集団成員性と結びつけられた信念（belief）であるのに対して、偏見（prejudice）は集団成員に対する態度（attitude）である。また差別（discrimination）はもっぱら集団成員性に基づき異なる扱いをすること（制度的、文化的なもの及び個人的な行動を含む）である（Whitley & Kite, 2006）。

（5） もちろん、公的・私的領域での差別が完全に解消されたわけではない。制度的には、生活保護の不支給に対して外国籍の住人が不服申立てをする権利は認められていないし、戦争犠牲者援護諸法は植民地出身の旧帝国臣民を支給対象から除外しているなどの様々な差別が残る（田中宏 1995）。また、被差別体験ゆえに通名の使用を余儀なくされている在日コリアンも多い（金東鶴 2006; 金敬得 1995/2005）

（6） 『マンガ嫌韓流』シリーズは、シリーズ累計で一〇〇万部が販売された（守 2014）

（7） この数値は厚生労働省（2013）の〝被保護者調査〟から計算できる数値よりも10倍程度高く、明らかなデマ・流言である。

（8） これらの地位には在日コリアンは就くことができず、明らかなデマ・流言である。

（9） Google Trends（http://www.google.co.jp/trends/）は、以下のように作図を行う。まず、各時期における総検索ボリュームに占める特定の検索語のボリュームの比率を算出する。次に、その比率の最大のものが100になるように調整し、折れ線グラフを作成する。分析可能なボリュームに達していない場合には、縦軸の値には0が与えられる。

（10） Twitterは、一四〇文字以下の投稿を行い他のユーザーと共有できるマイクロブログサービスである。ソーシャル・メディアとしては、日本国内ではFacebookに次いで多くのユーザーが利用しており（関根 2013; 許 2013）、一日平均で5千万件あまりの投稿がなされている（NECビッグローブ 2012）。

（11） Amazon.co.jpは、二〇〇〇年十一月一日に日本での営業を開始した通販サイトであり、書籍を中心に様々な商品を扱っている（Amazon.co.jp, n.d.）。通販サイトとしての日本におけるシェアは楽天に並び高い（ビジネスジャーナル 2013; 田中秀樹 2011)。ユーザーはAmazonで販売される商品について5段階の得点と文章によるレビューを行い、他のユーザーと共有することができる。このレビューはその商品を購入した履歴がないユーザーでも行えるため、特定の企業に対する嫌がらせとしてネガティブなレビューが殺到することがある。

(12) なお、ブローク－・ガブロンスキ・エッセス (Brochu, Gawronski, & Esses, 2008) において、様々な様態の偏見の理論的統合が図られている。

(13) 電子掲示板 (BBS) は、インターネット上でコメントを投稿し、現実の掲示板のように共有できるサービスを指す。匿名掲示板の〝2ちゃんねる〟は、様々なカテゴリ・テーマの電子掲示板からなる、代表的な掲示板サイトである。

(14) ブログは、ウェブログ (=ウェブ上の日記) を省略した呼称で、日記などを容易に投稿できるウェブサイトを指す。これらの中には、後述するように、2ちゃんねるの投稿を編集してまとめた〝まとめブログ〟も含まれる。

(15) SNSは、ソーシャル・ネットワーキング・サービスの略で、インターネットを用いたもっぱらコミュニケーションのためのサービスを指す。Facebookやmixiなどが含まれる。

(16) これらの研究では、技術的制約から、在日コリアンと在外コリアン、在日中国人と在外中国人の区別を設けず、それぞれコリアン一般、中国人一般について検討した。したがってここで言う〝外集団〟とは、日本人に対する外集団であり、在日の外国人も在外の外国人も含む。

第2章 Twitterにおける言説の分析

第2章では、Twitterにおける言説の計量テキスト分析により、インターネット上の差別的な発言を定量的に分析する。

研究1では、コリアンについての言説を収集し、分析を行う。それにより、コリアンについての言説ではどのようなレイシズムが見られるのかを明らかにし、また背後にマスコミ不信やインフォーマルなメディアへの依存があるとする指摘が妥当であるかを検証する。また、研究1の補足として、とくにレイシズムに関連するツイートに注目した分析を行う。

研究2、3は、研究1と比較するために、ネガティブに認識されることが多い外集団である中国人と、内集団である日本人についての言説を収集し、分析する。これにより、研究1で明らかになったコリアンについての言説の性質の何がコリアンについての言説を特徴づけるのかを明らかにする。また、研究3においては、日本人が日本人について論じるとき、外集団としてコリアンが最も頻繁に参照されていることを明らかにする。

2—1　研究1　コリアンについての言説——誰が、どのような投稿をしているのか?

本節では、Twitter上の投稿（ツイート）を収集し、数値化処理を加えて分析を行う。コリアンについての投稿はネガティブな内容のものが多く、また比較的少数の影響力が極端に強い差別的ユーザーが存在することが示される。さらに、頻繁に用いられる語の分析や、多くのツイートに共通して表れているテーマについての分析により、投稿の性質や内容を明らかにしその背景を考察する。

2—1—1　問題と目的

本章の三つの研究では、インターネット上で実際に流布されている言説を分析する。態度である偏見の研究について記す本書をまず実際の行動つまり差別の分析から始めるのは、態度と行動はしばしば乖離するものであり（Ajzen, 1991; Lapiere, 1934）、したがって分析対象とする偏見が行動としても表されているのかを示す必要があると思われたからである。

インターネット上での言説の分析を行うにあたり、分析対象とするサイト・サービスには様々なものが考えられるのだが、本章ではとくにソーシャル・メディアに注目した。これは、二〇〇〇年代のレイシズムの伸長を考えるとき、ソーシャル・メディアの果たした役割を軽視するわけにはいかないからである。ソーシャル・メディアとは、電子掲示板、ブログ、マイクロブログのTwitter、SNS（ソーシャル・ネットワーキング・サービス）であるFacebookやmixi、動画共有サイトであるニコニコ動画やYoutubeなど、多数の人が参加できる双方向型のメディアを指す。二〇〇二年以降レイシズム言説が最初に目立つようになったのは匿名掲示板の〝2ちゃんねる〟であったし、在特会が支持を拡大したのは、デモ・街宣の様子を動画共有サイトに投稿し、それがブログやTwitterなどで広まる（ネット用語で〝拡散〟と呼ぶ）ことを通じてであった（安田 2012）。また、東日本大震災直後に典型的に見られたように、TwitterやFacebookでは、しばしば在日コリアンを始めとする外国籍住民についての流言・デマが流行する（荻上 2011）。このように、レイシズムが広まった過程を考えるとき、ソーシャル・メディアの果たした役割は重要である。

また、レイシズムの扇動を行う者を離れてインターネットユーザー一般について分析するときにも、ソーシャル・メディアは注目に値する。マスパーソナル・コミュニケーションとも呼ぶべきソーシャル・メディア（小林 2012）においては、多くの人々が様々な情報を受け取ると同時に、その影響を受けつつ、自ら情報発信もしている。したがってソーシャル・メディアにおける言説は、多くのインターネットユーザーの信念や態度を映す鏡となる。

本章の三つの研究では、ソーシャル・メディアの中でもとくにマイクロブログであるTwitterを取り上げ、そこでなされる言説を分析する。Twitterを取り上げるメリットとしては、以下の三つが挙げられる。一つ目は、Twitterが日本で最も利用されているソーシャル・メディアの一つであることである。二〇一三年三月時点で、国内でパーソナル・コンピューターを用いてインターネットを使うユーザーのおよそ22・3％、一三一五万人がTwitterにアクセスしている。これは、一七五二万人のFacebook に次いで多く、四四七万人の mixi や四三二万人の Google+ を大きく凌ぐ（関根 2013）。また、パーソナル・コンピューターを用いてアクセスするユーザーと一部重複するが、スマートフォンからアクセスするユーザーも多く、二〇一二年十二月時点で iPhone ユーザーでは88・0%が Twitter を利用している（許 2013）。したがって Twitter を分析することで、ネットユーザーの少なくない割合が関わる言説を分析対象とすることができる。

　二つ目には、Twitter が他の多様なサイト・サービスと連携していることが挙げられる。Twitter は他のサイトに Twitter と連携するための〝ボタン〟を設置する機能を、公式にサポートしている。例えば、ワンクリックで Twitter への投稿画面に遷移するボタンや、任意のユーザー（サイト管理者や記事の執筆者など）をワンクリックでフォローできるようにするためのボタンなどである（図2・1・1）。これらのボタンは、ニュースサイト、ブログ、電子掲示板など様々なサイトに設置されている。また、任意のタイムライン（ツイートの時系列的な表示）やツイートを、他のサイトに〝埋め込む〟こともできる。この機能は、自身の管理するウェブサイト上に自分のタイムラインを表示させて動線としたり、他者の投稿を〝まとめ〟て新しいページを作成したりするなどのために用いられる。こうした機能は、他の多様なサイトから Twitter への情報流入や、他のサイトが Twitter を情報源とすることなどを支えている。

図 2.1.1　Twitter の機能を他のサイトで使うための“ボタン”
出典：About Twitter（https://about.twitter.com/resources/buttons）

三つ目には、Twitterでなされるツイートの多くが公開情報で、研究者の手で捕捉しやすいことが挙げられる。Twitterにも、許可したユーザー以外に自身の投稿を閲覧させない（〝鍵をかける〟）機能はあるが、Facebookやmixiなどの身内とのコミュニケーションを主たる目的とするSNSに比べ、マイクロブログサービスであるTwitterの方が、非公開で投稿を行う必要性は薄い。例えば、大学生に限った分析では、常に投稿を非公開にするよう設定しているTwitterのユーザーは21・2％に過ぎず、逆に常に公開するよう設定しているユーザーは71・5％にのぼった（水沼・菅原・池内 2013）。したがって、ユーザーのオプトイン(1)を要求することなく、大部分の発言を分析対象とすることができる。

以上の理由から、Twitterにはインターネット上の言説のいわば結節点として分析する価値があると考え、第2章の三つの研究と一つの補足で分析を加える。

研究1では、在日に限らず、コリアン一般に関するツイートを収集し、分析を行う。在日に限定しなかったのは、日本語のツイートで〝韓国人〟〝朝鮮人〟などの名称を用いた場合、明示的には在日という言葉を使っていなくても、明らかに日本国内に在住する在日コリアンに言及している場合が非常に多く、そのため〝日本国外に居住するコリアン〟に関するツイートと〝日本国内に居住する在日コリアン〟に関するツイートとを、形式をもとに分類することは技術的に困難だからである。したがって、研究を行う方法としては、(1)在日コリアンに限定せずコリアンについての言説を扱う、(2)〝在日〟の語のみを検索語として用い、明示的に在日コリアンについて言及した言説のみを扱う、の二通りが考えられたのだが、本研究では前者を選んだ。これは、古典的レイシズムが生得的劣等性の認知と関連付けられること（McConahay, 1986）を考えると、民族としてのコリアン全体を視野に入れた方が適切であると考えられたためと、また実際にコリアンについての言説は在日コリアンと在外コリアンとの間に明確な区別を設けずに行われることも多いように見受けられるためである。

以上の理由から、研究1の分析対象はコリアン一般としたが、そのために、在日コリアンをめぐる言説における現代的レイシズムの役割を過小評価する可能性はある。〝コリアンが不当な特権を得ている〟という現代的レイシズムは、在日コリアンと日本人の関係性に関するものであり、在外コリアンには関わらないからである。そうした限界点はあるものの、在日を含めたコリアンがどのようなイメージで語られているかを知る手がかりを与えるものとなるだろう。

分析の手法としては、主に計量テキスト分析を用いる。この手法は、質的データに対してある種の数値化操作を加えることで、計量的に把握することを可能にするものである（樋口 2014）。日本語ツイートだけで一日に五千万件以上とも言われる（NECビッグローブ 2012）膨大な量のツイートのできる限り多くの部分を活用して分析を行うためには、量的な情報に変換し処理することが欠かせないからである。しかし、質的な側面を切り捨てるわけではない。計量的な分析を行うことで元のデータの特徴を把握し、それをもとに質的な分析を加えることを試みるのが、計量テキスト分析の特徴である（樋口 2014）。

2—1—2 方法

二〇一二年十一月五日から二〇一三年二月十六日にかけて、Twitter 上のツイートを収集した。収集には、当時 Twitter が公式にサポートしていたRSS機能を利用した(2)。RSSとは、ニュースサイトやブログなどの更新情報を取得するための形式であり、Twitter の場合には、リクエストを送信した時点から遡って最新のツイートを最大15件まで取得することができた。データの取得は、メールブラウザの Thunderbird（Mozilla, Inc.）を用い、15分ごとに自動的に行った。つまりこの方法では、15分以内に16件以上の投稿があれば最新の15件を、15件以下の投稿しかなければすべての投稿を、取得することができた。したがってこの手法で取得されるデータは、全数でもなければ無作為抽出したものでもないことをあらかじめ断っておく必要がある。総投稿数が多い日中～夜間の個々のツイートは抽出される確率が比較的低いのに対して、総投稿数が少ない深夜～早朝の個々のツイートは抽出される確率が比較的高いという偏りは、必然的に生じる。また、機材のメンテナンスのため、前記期間中にも抽出を停止していた時間がある。

データをこのような形で収集したのは、(1)すべてのツイートを収集すると、ハードウェア・ソフトウェア的に扱うのが困難なデータ・サイズに数日で達してしまうこと、(2) Twitter の性質上、短期間で収集したデータでは、少数のツイートが爆発的にリツイート（他人の投稿したツイートを、自分の投稿のフォロワー＝講読者にも配信されるようにする、特殊な形式の投稿）されたものや、〝炎上〟と呼ばれる、単一の問題について短期間にツイートが集中する現象によるものが多数を占めることがあり、そのため一時的なトレンドではなく Twitter での言説の一般な傾向を分析するのには向かないこと、による。また、(3)韓国・朝鮮民主主義人民共和国との外交上の事件などがツイートの傾向を大きく左右する可能性があることも、理由の一つに挙げられる。(3)については、時期の要因を加えた分析を行うという方法も考えられたのだが、本研究では逆に、三ヵ月に渡って収集したデータをまとめて分析することで、時期の要因の影響をできる限り除外することを試みた。これは、コリアンについての Twitter 上での言説を分析する研究の端緒として、ベースラインとなる言説の特徴を明らかにすることを目指したからである。[3]

抽出に用いられたのは、〝在日 or 韓国人 or 朝鮮人 or チョン〟[4]の検索クエリである。この場合、以上の四つの単語のいずれかを含むもののうち最新の15件が取得されることになる。こうした方法を用いているため、文脈的には明らかにコリアンに言及していても前記の四語のいずれも含まないツイートは、取得されていない。

また、比較対象として日本語ツイートのワイルドカード検索（"lang=ja&q=*"）[5]も用い、同様の期間・方法でツイートを取得した。

なお、RSSで収集したデータでは、リツイートの場合で、リツイートされたツイートであることを示す文字列である〝RT @（元の投稿者の Twitter ID）〟をツイート冒頭に加えたときの文字数がツイートの最大文字数である140文字を超えた場合には、超過した分が省略されるという制約があった。また、RSSでデータを集めた場合には性別、年齢など、発言者のデモグラフィック変数は取得できないという限界もある。そうした変数を取得するためには、回答者のオプトインを求める形式で調査を行う必要があるが、そのような方法を取った場合には、データを包括的に取得し言説の総体を分析するという目的を果たすのは困難になる。そこで、種々の制約があるとはいえ、RSSによるデータ収集が本研究の目的に最も適していると考えた。[6]

2―1―3　結果と考察

コリアン関係ツイートとして、113,189件のツイートが取得できた。このうち、以下の基準に従い、分析対象に加えるべきではないと思われるツイート3,600件を削除した。(1)〝朝鮮人〟〝韓国人〟〝チョン〟のいずれも含まず、〝在日アメリカ〟〝在日米〟〝在日ブラジル〟〝在日中国〟〝在日ペルー〟〝在日ファンク〟〝大使館〟のいずれかを含むツイートは、Thunderbirdのフィルタにより一括で削除した。なお、〝在日外国人〟(1,640件)は、暗に在日コリアンを指すと思われるツイートがほとんどだったため、削除せずに残した。(2)〝チョン〟を含むが〝在日〟〝朝鮮人〟〝韓国人〟のいずれも含まないもののうち、〝チョン・〟〝ジフン〟〝ダヨン〟〝ウソン〟〝ジヒョン〟〝テセ〟のいずれかを含み固有人名の一部と思われるものおよび、〝首チョン〟〝チョン切〟を含むものは、Thunderbirdのフィルタにより一括削除した。(3)〝チョンと〟を含むツイートのうち、〝チョン〟の語が擬音語、擬態語、固有人名と思われるものは、手動で削除した。その結果、109,589件が分析対象のツイートとなった。なお、リツイートは、独立したツイートとして扱われている。

ワイルドカード検索で抽出されたのは114,932件で、そのすべてを分析した。うちリツイートは10,817件であった。

コリアン関係ツイートとワイルドカードのツイートでの、総発言数に占めるリツイートの比率を計算すると、前者は44・7%(95%CI = 44.4 - 44.9%)、後者は9・4%(95%CI = 9.2 - 9.6%)であり、大きな差があった。したがって、コリアンに関するツイートは一般のツイートよりも〝拡散〟されやすいと言える。

投稿者の性質

コリアン関係ツイートの投稿者として捕捉されたアカウント数は43,619IDであった[7]。このうち、77・6%のアカウントは捕捉されたツイート数が1件のみであったが、捕捉されたツイート数が100件を超えるアカウントが47IDあった。これらのアカウントはいずれも明確に差別的な投稿を大量にしており、また投稿に用いられたクライアントはtwittbot（バンプアップ株式会社）などの自動投稿可能なものであったため、botと呼ばれる自動投稿用プログラムであると考えられる。二〇一三年三月二十二日時点のフォロワー数は182ID～15,499IDで、中央値は2,135IDであった（ただし〝凍結〟[8]もしくは削除されていたアカウントを除く）。これは、フォロワー数が200ID以下のアカウントが過半数を占める一般的なTwitterユーザー（facenavi, 2012）に比べ、遥かに多い。

他方、ワイルドカード検索で得られたサンプルでは、捕捉されたアカウント数は107,145IDで、87・7%のアカウントは捕捉されたツイート数が1件のみであった。また、捕捉されたツイート数が最大のアカウントでも、15件のツイートが捕捉されたのみであった。

様々なサンプルにおけるアカウントの寡占率を比較できるよう、以下の数式を用いて占有率の指標とする。この指標は、発言数の多いアカウントのシェアを表すものである。

Share(a)＝100×（全投稿者のうち投稿数が上位a位までのアカウントのツイート数）／（総ツイート数）

コリアン関係ツイートにおいては、Share(25)＝10.1、Share(50)＝12.8であった。一方、ワイルドカード検索においては、Share(25)＝0.16、Share(50)＝0.27であった。したがって、コリアン関係ツイートの方が、プレゼンス（投稿数およびフォロワー数）の極端に高い少数のアカウントによって占有されていることが分かる。差別的な一部のアカウントに多くのユーザーが繋がる形のネットワーク構造の存在が示唆される。これらの差別的なアカウントがbotであるとしても、差別的なツイートを〝浴びるように〟受け取るフォロワーのレイシズムを強化している可能性がある。また、クリスタキスとファウラー（Christakis & Fowler, 2009）が社会的ネットワークを通じた態度の伝播過程を論じているように、この直接のフォロワーを介して、フォロワーのフォロワー、さらにそのフォロワーへと好ましくない影響を及ぼしている可能性がある。

頻出語の分析

以下の分析にはKHCoder 2.beta.30f（樋口 2001/2013）を用い、形態素解析エンジンにはMecab 0.996（工藤 2006/2013）を用いた。分析手順としては、まずKHCoderにより分析対象ファイルの文字化け等を自動で修正した。その後形態素解析を実行し、頻繁に登場する複合語や特殊記号を強制抽出語に加えて再度形態素解析するプロセスを繰り返した。

まず、用いられたツイート数が多かった語のうち、名詞（〝人〟〝国〟〝韓〟〝日〟などの漢字1文字で通常複合語に用いられる名詞を除く）および解釈の可能な記号・文字列（〝RT〟および〝@〟を除く）のみの上位60件を、表2・1・1に示す。抽出に用いられた語としては、〝韓国人〟50,360件、〝在日〟

表 2.1.1　頻出語とそれを含む投稿数

順位	単語	投稿数	順位	単語	投稿数	順位	単語	投稿数
1	韓国人	50,360	21	生活保護	3,971	41	逮捕	2,462
2	http://	48,909	22	中国	3,883	42	原発	2,355
3	在日	43,263	23	安倍	3,681	43	歴史	2,339
4	朝鮮人	28,960	24	選挙	3,550	44	AKB	2,326
5	日本	25,399	25	デモ	3,463	45	北朝鮮	2,314
6	韓国	24,982	26	報道	3,280	46	マスコミ	2,308
7	日本人	20,426	27	慰安婦	3,179	47	経済	2,267
8	#	18,421	28	速報	3,048	48	世界	2,237
9	チョン	8,550	29	自民党	2,977	49	嘘	2,170
10	朝鮮	7,776	30	事件	2,960	50	民族	2,141
11	反日	6,653	31	竹島	2,937	51	反対	2,114
12	拡散	6,348	32	人権	2,909	52	政権	1,989
13	外国人	6,251	33	参政権	2,798	53	嵐	1,983
14	政治	5,115	34	特権	2,746	54	KPOP	1,961
15	民主党	4,679	35	女性	2,676	55	国家	1,903
16	問題	4,496	36	自分	2,597	56	2ch	1,880
17	差別	4,413	37	法案	2,548	57	廃止	1,869
18	中国人	4,344	38	通名	2,540	58	工作	1,823
19	犯罪	4,321	39	国民	2,516	59	時代	1,794
20	ニュース	4,152	40	捏造	2,472	60	関係	1,791

43,263件、〝朝鮮人〟28,960件、〝チョン〟8,550件の順で多かった。〝チョン〟の語は相対的には最も少ないとはいえ、7・8%のツイートで用いられており、けして無視できないボリュームであることが分かる。

その他の単語では、〝日本〟25,399件、〝日本人〟20,426件、〝反日〟6,653件など、日本に何らかの形で言及するものが多く見られる。

レイシズムに関しては、〝犯罪〟4,321件、〝事件〟2,960件、〝逮捕〟2,462件など、コリアンの犯罪に関する語が多く見られ、これらはコリアンの道徳的劣等性に注目しているものであると考えられるため、古典的レイシズムに関連の強い語であると考えられる。なお、〝女性〟(2,676

件）の語も、日本人の女性における韓流ブームに言及したものも多かったが、コリアンが日本人女性に性的暴行を加えるといった内容での投稿も多く見られた。現代的レイシズムに関する語としては、〝生活保護〟（3,971件）、〝人権〟（2,909件）、〝参政権〟（2,798件）、〝特権〟（2,746件）、〝通名〟（2,540件）など、コリアン（とくに在日コリアン）の権利に関する語も多く見られた。ただし、これらの語を含むツイートは、コリアンに対して否定的なツイートばかりではない。コリアンへの差別を批判するツイートなども計上されているため、これらの数は何らかの形でレイシズムが論点となっているツイートで、そのうち関連する語を明示的に含むツイートの数である。

また、〝政治〟（5,115件）、〝民主党〟（4,679件）、〝安倍〟（3,681件）、〝選挙〟（3,550件）、〝自民党〟（2,977件）、〝法案〟（2,548件）、〝政権〟（1,989件）など、政治と政治家に関する語も多く見られている。このことは、ある程度まではツイート取得期間中の二〇一二年十二月に衆議院選挙があったことによるものかもしれないが、在日コリアンを巡る法的問題や韓国・朝鮮民主主義人民共和国との外交関係が話題になりやすいことなども関わっていると考えられる。

なお、マスコミに関する語も目立った。〝ニュース〟（4,152件）、〝報道〟（3,280件）、〝マスコミ〟（2,308件）などである。表2・1・1には含まれていないが、マスコミに侮蔑的に言及するときのスラングである〝マスゴミ〟の語も1,290件見られている。これらの語を用いたツイートには、マスコミに対する不信感を表明したものが多かったようである。安田（2012）によると、在特会関係者の多くが、新聞、雑誌、テレビなどは自分たちから〝真実〟を隠しているという被害者感情を抱いているという。そこで、〝何らかの隠された真実がある〟ことに言及するときに用いられるような単語に目を向けると、

〝捏造〟（2,472件）、〝嘘〟（2,170件）などが上位に位置していることが分かる。そして、マスコミ以外のメディアとしては、〝2ch〟（1,880件）の語が多く見られ、多くは、〝#2ch〟の形で用いられていた。これは、ハッシュタグと呼ばれる、〝#〟のついた文字列を含む投稿をした場合に同じハッシュタグを含むツイートが容易に検索可能になり、話題を共有しやすくなる機能を利用したものである。この場合には、情報源が2ちゃんねるもしくは〝2ちゃんねるまとめブログ〟と呼ばれる2ちゃんねるの投稿を編集してブログ形式で投稿するサイトのどちらかであることを示すために用いられていると考えられる。なお、こうした投稿が多かったのは、2ちゃんねるまとめブログからツイートボタンを経由して投稿した場合、自動で〝#2ch〟のハッシュタグを含むように設定されている場合が多いためであると考えられる。また、ツイート中で情報源として名前を挙げられている2ちゃんねるまとめブログの名称が〝2ch〟の文字列を含んでいた場合も多かった。これに加えて、〝速報〟（3,048件）の語も、そのほとんどは2ちゃんねるまとめブログの名称の一部であったことから、2ちゃんねる関連ツイートに分類することができる。

また、〝慰安婦〟（3,179件）、〝竹島〟（2,937件）、〝歴史〟（2,339件）など、歴史問題・外交問題に関する語も多く見られている。

この他に、一部の文字列・記号が多く見られていることも特徴的である。前述の話題の共有を行うためのハッシュタグ機能が用いられていることを示す〝#〟の記号は、18,421件ものツイートで見られている。また、〝拡散〟の語も6,348件見られているが、これらは〝**【拡散】**〟〝**【拡散希望】**〟などの文字列をツイートの冒頭につけることで、リツイートし〝拡散〟するように訴えるために用いられていた。また、何らかのサイトにリンクが貼られていることを示す〝http://〟の文字列は48,909件と、抽出に用いられた〝韓国人〟を除けば最も多くのツイートに含まれていた。これらのツイートには、ニュースサイト、2ちゃんねるまとめブログ、その他のブログ、動画共有サイト、何らかのツイートの個別のページ、画像アップローダーなど、様々なウェブサイトのURLが含まれていた。

なお、〝AKB〟(2,326件)、〝嵐〟(1,983件)、〝KPOP〟(1,961件)など、芸能人に関係する語も多く見られる。これらのほとんどは、ハッシュタグに用いられていた。芸能人とは無関係な差別的なツイートを、一般の関心が高く使用頻度の高いハッシュタグを付け加えることで、〝拡散〟されやすいようにしたものと思われる。

コードに基づく分析

以上のように頻出語からもある程度言説の傾向をうかがい知ることはできるのだが、より詳細な分析を行うために、関連する単語同士を同じコードに分類し、ツイートのテーマを分析するために用いる。用いられるコードと分類に用いる単語は、表2・1・2のとおりである。各コードについて、表中のいずれかの単語を含んでいる場合はそのコードに分類した。

〝コリアン〟コードには、抽出に用いた語に加え、コリアンやコリアンの国・言語を指す語を含めた。以後の研究2、3にも用いるため、抽出に用いた語よりも範囲を広く設定している。〝現代的レイシズム〟コードには、権利に関わる単語を含めた。ただし先述したように、コリアン一般よりも主に在日コリアンに関わると思われる単語である。これらの中には〝生活保護〟のように、保守的な人々によって

表 2.1.2　ツイート分類コード(9)

コード	分類に用いられた単語
コリアン	韓国人，朝鮮人，在日，チョン，韓国，朝鮮，韓，朝鮮語，ハングル
現代的レイシズム	特権，生活保護，受給，人権，通り名，通名，参政権，年金
古典的レイシズム	犯罪，事件，逮捕，悪事，凶悪，強姦，レイプ，犯す，犯人，襲う，強盗，整形，劣る，劣等，ヤクザ，火病
歴史問題	歴史，大日本帝国，植民地，統治，併合，支配，侵略，加害，強制連行，連行，慰安婦，従軍，太平洋戦争，戦争，戦前，戦後，敗戦，関東大震災，謝罪，賠償，補償
外交問題	竹島，独島，領土，東海，日本海，ミサイル，拉致，条約
マスコミ	マスコミ，マスゴミ，ニュース，テレビ，テレビ局，新聞，放送，報道，記事，記者
政治	政治，政党，政府，政権，議員，首相，総理，大統領，民主党，民主，自民党，自民，維新，安倍，選挙，法律，法案，政策，憲法
中国	中国，中国人，中国語，シナ，支那，シナ人，支那人
反日系	反日，売国，売国奴
真実系	実態，真実，本性，正体，発覚，疑惑，暴露，嘘，ウソ，嘘八百，捏造，自演，歪曲，隠蔽，矛盾，陰謀
侮辱語	馬鹿，バカ，アホ，ボケ，カス，クズ，ゴミ，ゴキブリ，寄生虫，ウジ，ウジ虫，ハエ，害虫，ブタ，鬼畜，糞，ガン，嘘つき，童貞，底辺，乞食，変態，デブ，気違い，基地外，マジキチ
2ちゃんねる	2ch，速報，ニュー速，ν速，嫌儲，鬼女，14個の代表的な2ちゃんねるまとめブログ名，2ちゃんねるまとめブログの管理人の TwitteID 5つ
拡散呼びかけ	拡散，RT 希望，RT を，RT 望，RT 願
話題の共有	#，＃

しばしば在日コリアンの特権であるとの批判がなされている（e.g., 産経新聞 2010）制度の名称やそれに関する語を含めた。〝古典的レイシズム〟コードには、犯罪に関わる語や、コリアンの容姿や能力を卑下する際に用いられる語など、何らかの形でコリアンが劣っているという含みを持つものを分類した。これらの中には、〝コリアンの犯罪者が逮捕された〟というような〝事実の摘示〟を行っているものもあるが、研究2、3で分析を行う他の国民・民族集団に比してコリアンの場合にはことさらに犯罪が言及されやすいのであれば、レイシズムを反映していると考えて差し支えないものと考え、このような分類を用いている。なお、これらのコードを用いた言説が実際にコリアンに対してネガティブなものであるかどうかは、第2章2節（2-2）で別に検討する。

〝歴史問題〟には、コリアン（国民、住民、および国家）に対する日本の加害行為に関するものを分類した。ただし、〝虐殺（1,266件）〟の語は、関東大震災の際等のコリアンに対する虐殺に関するものよりも〝コリアンが日本人を虐殺した〟とするものが多かったため、このコードには含めていない。〝外交問題〟には、それぞれコリアン（主に国家）との間に抱える問題についての語を分類した。〝マスコミ〟〝政治〟〝中国〟には、それぞれのトピックに関わる語を分類した。また、頻出語リストに見られた〝反日〟の語の他に、〝売国〟〝売国奴〟などの何者かが日本に対して敵対的な行為・認知をしているとするツイートで用いられる語群を、〝反日系〟とした。

〝真実系〟としては、何らかの隠された真実がある、あるいはそれを明らかにするとするツイートで用いられる語を分類した。〝侮辱語〟としては、他者を激しく侮辱する際に用いられる多くの語を含めた。〝2ちゃんねる〟のコードには、2ちゃんねるそのものと、2ちゃんねるまとめブログに関連する

表 2.1.3　コード別出現ツイート数と出現率

コード	コリアン関連ツイート		ワイルドカード	
	ツイート数	出現率(%)	ツイート数	出現率(%)
コリアン	108,794	99.27	225	0.20
現代的レイシズム	13,365	12.20	60	0.05
古典的レイシズム	11,778	10.75	349	0.30
歴史問題	12,336	11.26	253	0.22
外交問題	4,920	4.49	80	0.07
マスコミ	9,922	9.05	767	0.67
政治	22,654	20.67	767	0.67
中国	9,851	8.99	147	0.13
反日系	8,280	7.56	25	0.02
真実系	8,964	8.18	361	0.31
侮辱語	5,523	5.04	1,197	1.04
2ちゃんねる	5,721	5.22	317	0.28
拡散呼びかけ	6,348	5.79	461	0.40
話題の共有	18,991	17.33	7,257	6.31
コード無し	246	0.22	103,889	90.39

コリアン関係ツイートとワイルドカードのツイートにおける出現率の差はいずれも 0.1%水準で有意.
コード無しは，本表中に示したコードのいずれにも当てはまらなかったものを指す.

語・文字列を分類した。これらの中には、代表的なまとめブログおよびコリアンや中国人に関しては話題にのぼることの多いまとめブログの、サイト名および管理人の Twitter アカウントのIDを含めた。これらに加えて、ハッシュタグとして用いられる記号を〝話題の共有〟コードに、〝拡散〟を呼びかけるときに用いられる語・文字列を〝拡散呼びかけ〟のコードに分類した。

以上のようにコーディングを行い、それらに該当するツイート数と総ツイート数に占める出現率（%）を示したものが、表2・1・3である。表2・1・3には、コリアン関連ツイートに加え、ワイルドカードで抽出したツイートについての結果も合わせて示してある。

コリアン関連ツイートで〝コリアン〟が一〇〇％でないのは、検索に用いられた語が何らかの複合語の一部として抽出されているためであると考えられる。その他のコードに関しては、コリアン関連ツイートではいずれも4・49％〜20・67％を占めているのに対して、ワイルドカードのツイートではほとんどが1％を下回っており、いずれのコードにも該当しないツイートが90・39％を占めた。出現率の差のカイ二乗検定の結果は、いずれも$p<.001$で有意であった（ただしサンプルサイズが大きく、わずかな比率の差でもカイ二乗検定は有意になるので、パーセンテージの絶対的な数を参照されたい）。

コリアン関連ツイートでは、〝現代的レイシズム〟が12・20％と比較的多く見られた。しかし、〝古典的レイシズム〟も10・75％見られた。この点で、少なくともコリアンに関するインターネット上の言説に関しては、古典的レイシズムは現代的レイシズムに置き換えられ表立っては見られなくなったという見方は、困難であると言えよう。

〝歴史問題〟と〝外交問題〟では、前者が11・26％と、後者の4・49％よりも多かった。〝マスコミ〟（9・05％）、〝政治〟（20・67％）、〝中国〟（8・99％）なども、コリアンと一緒に言及されやすいテーマであった。また、今回用いたコードの中には〝反日系〟（7・56％）、〝真実系〟（8・18％）というやや特殊な内容のものも含まれていたのだが、コリアンについて言及するときには頻繁に用いられる話題であることが分かる。〝2ちゃんねる〟は5・22％で、ワイルドカードのツイートではほとんど言及されないウェブサイトが頻繁に言及されていることが分かる。〝拡散呼びかけ〟（5・79％）、〝話題の共有〟（17・33％）も多く、多くの人々に情報を伝えようとする意図を持って発言がなされていることが分か

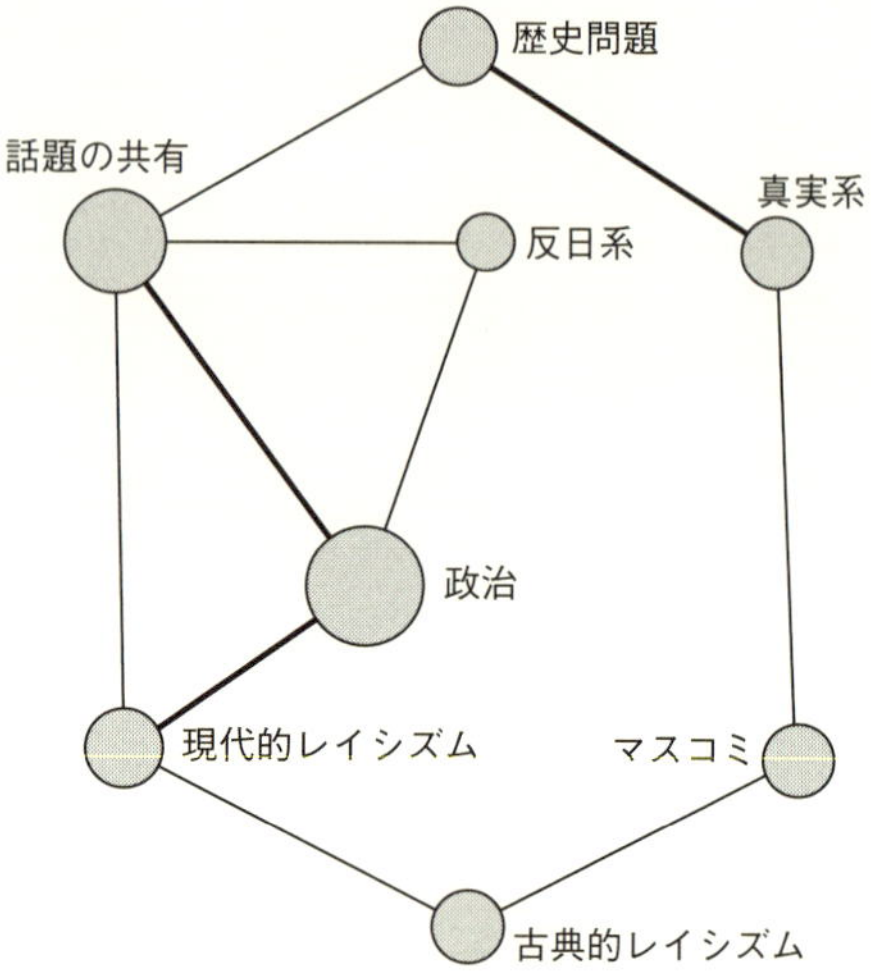

図 2.1.2　コードによる共起ネットワーク
上位 10 件を作図した.

る。

〝コリアン〟を除いたすべてのコードのいずれにも当てはまらないツイートの数は、ワイルドカードのツイートでは90・50％であったが、コリアン関連ツイートでは35・83％であり、作成したコードがコリアンについての言説の特徴をかなりの程度カバーできていることが分かる。

次に、コリアン関連ツイートについて、これらのコードの共起関係を検討することで、それぞれのテーマがどのように語られていたのかを分析する。以下の分析では、ツイートの抽出に用いられた〝コリアン〟のコードは含めずに分析している。

図2・1・2および図2・1・3には、コード間の共起ネットワークを示す。これは、一つのツイートが複数のコードに分類される場合にコードが共起したと考え、その関連の強さを表すものである（樋口 2014）。図の可読性に配慮して、以下の2通りを作図した。(1)すべてのコードを用い、Jaccard係数が上位10本のパスを用いて作図した図（図2・1・2）、(2)もともとの生起率が極端に高く、したがって他の多くのコードとの共起率が高くなる〝政治〟〝話題の共有〟を除いた残りのコードのみを用い、Jaccard係数が高い15本のパスを用いて作図した図（図2・1・3）、の二通りである。なお、Jaccard

係数は、二つの集合の共起の度合いを示す指標であり、0～1.0の値をとり、値が大きいほど共起しやすいことを示す。いずれの図も、コードの出現率を丸の大きさで表し、共起率の高いパスを太い線で表している（各コードの出現率は、表2・1・3を参照のこと）。また、コード間の距離は意味を持たない。

図2・1・2は〝政治〟〝話題の共有〟を含む図である。Jaccard係数の閾値は.094と一般に用いられるものよりも小さいのだが、これは一つひとつのツイートが一四〇文字と短く制限されているためであると考えられる。〝政治〟と〝話題の共有〟同士も共起しやすいのだが、いずれも〝現代的レイシズム〟〝反日系〟と共起していることが分かる。

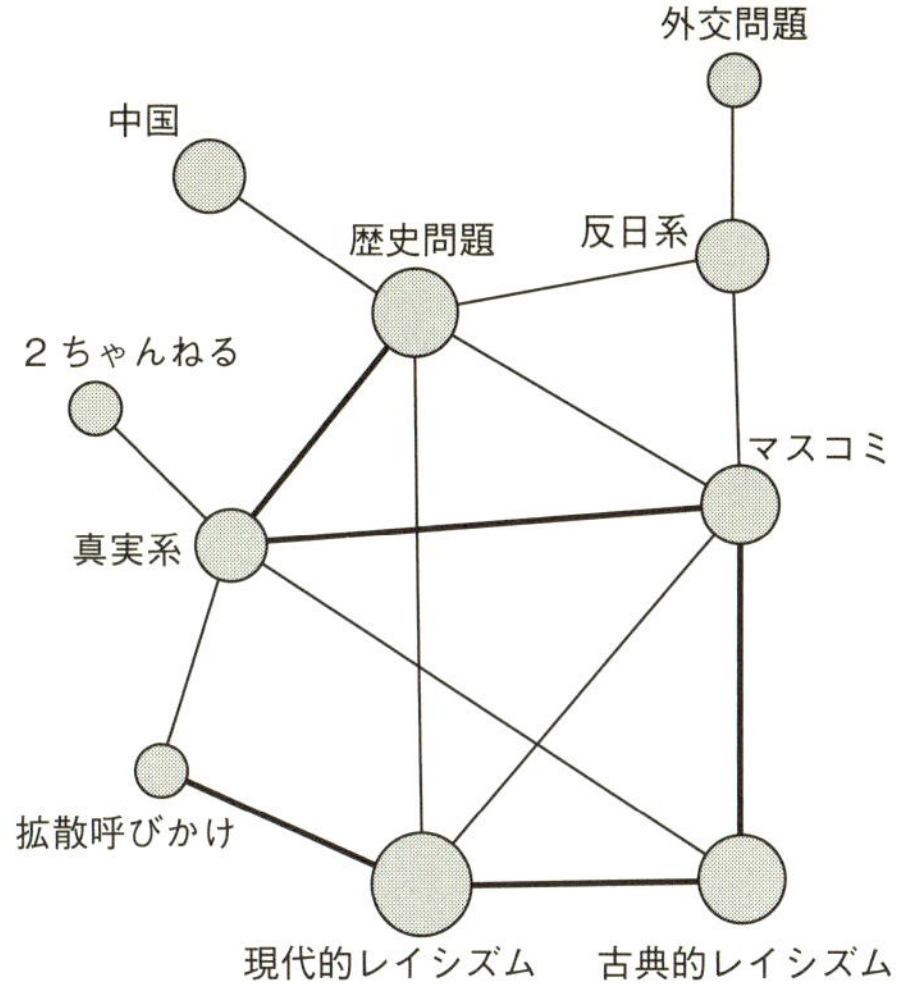

図2.1.3 "政治""話題の共有"を除いた共起ネットワーク

上位15件を作図した.

これらの共起関係は、政府・政治家が在日コリアンの権利をどのように扱うか（特定の政治家は在日コリアンを優遇しているとするものなど）や、ある政治家や政党が〝反日的である〟という非難などが、他者と共有しようという意図を持って投稿されていたことを示している。その他のパスについては、図2・1・3を用いて検討する。

図2・1・3は、〝政治〟〝話題の共有〟のコードを除いてJaccard係数の上位15件を作図したものである。Jaccard係数の閾値は

.068であった。

〝拡散呼びかけ〟のコードは、〝現代的レイシズム〟〝真実系〟と共起しており、現代的レイシズムを伴う発言や、何らかの隠された真実を明らかにするとする投稿が、積極的に他者に広めようという意図を伴ってなされていたことを示している。

この〝真実系〟は、〝古典的レイシズム〟〝歴史問題〟とも共起しており、コリアンの犯罪や劣等性についての〝真実〟や歴史問題についての〝真実〟を明らかにするという主張がなされていたことが分かる。〝真実系〟はメディアに関する二種類のコード、〝マスコミ〟〝2ちゃんねる〟とも共起していたのだが、ツイートを詳細に分析すると、これらのメディアの言及され方は明らかに異なっていた。〝マスコミ〟は、〝テレビ・新聞が報じない真実！　強姦で逮捕された○○は本名××の在日!![10]〟など、〝真実〟を隠蔽する主体として書かれていた。これに対して、〝2ちゃんねる〟は、〝また一つ在日の歴史捏造が明らかになった。http://(URL) #2ch〟のように、情報の出典が2ちゃんねるもしくは2ちゃんねるまとめブログであることを示すためにハッシュタグやまとめブログ名として用いられていた。したがって、コリアンの劣等性や歴史問題（日本人のコリアンへの加害）についてマスコミが真実を隠しているという被害者意識があり、それに対して2ちゃんねるを情報源として攻撃をしかけているという構図が見て取れる。

〝マスコミ〟は〝真実〟を隠しているとするだけでなく、〝反日系〟のコードとも共起しており、〝反日的である〟あるいは〝売国的である〟として非難されていた。とくに、〝歴史問題〟の報道のし方について、〝マスコミ〟が日本の利益に適う形で行っていないという言説が目立った。〝マスコミ〟は〝現代的レイシズム〟とも共起していたが、これは〝日本人が在日特権に甘かったせいでマスコミは在日のいいなりになってしまった〟のようにマスコミが在日に支配されているという言説などがあったことによる。

本研究のツイートはコリアンについてのものを集めたものだが、その中で中国と中国人も頻繁に言及されていた。〝中国〟のコードが共起しやすかったのは〝歴史問題〟のコードで、これは〝中国人は南京大虐殺の、韓国人は慰安婦の嘘をつく。日本の周りは反日国家だらけだ〟のように、コリアンとの間の歴史問題と中国人との間の歴史問題を併記したものや、コリアンとの歴史問題にも中国人との歴史問題にも共通する語を用いたものが多かったからである。

〝現代的レイシズム〟は〝歴史問題〟とも共起しており、とくに在日コリアンが現在得ている地位と歴史的経緯の関係に言及した発言が多かったことを伺わせる。また〝現代的レイシズム〟は〝古典的レイシズム〟とも共起しやすかった。このことは、二つのレイシズムが在日コリアンについても分離可能な構造であるかについて、疑義を投げかけるものである。つまり、単一構造であるレイシズムを誤って二つに分類している可能性がある。現代的レイシズムと古典的レイシズムが本当に分離可能なものであるかについては、質問紙調査による研究4、5において詳細に検討する。

発言の感情価

以上の分析は、単語の生起率などを定量的に検討したものだが、行われている投稿がコリアンに対してポジティブなものなのか、ネガティブなものなのかという情報も重要である。そこで、収集されたツイートから150件を無作為に抽出し、訓練された日本人の評定者2名が、コリアンに対してネガティブ(1)、ニュートラルもしくは判断できない(2)、ポジティブ(3)の3段階で独立に評定を行った。カッパ係数は.54であり、"だいぶ一致する"結果であった。一致しなかったものについては2名の評定値の平均値をそのツイートの感情価とした。

その結果、ネガティブな発言が70・0%(95%CI = 62.6 - 77.3%)と最も多く、次にポジティブ17・3%(95%CI = 11.2 - 23.4%)、ニュートラルもしくは判断できない12・7%(95%CI = 7.34 - 18.0%)と続いた。したがって、コリアンについての言及の多くは、コリアンに対してネガティブな態度を表明したものであった。

2―1―4　研究1のまとめ

本研究では、Twitterに投稿されるコリアンに関連するツイートを3ヵ月半に渡って収集し、分析を行った。

その結果、古典的レイシズムに関する発言と現代的レイシズムに関する発言がともに10%以上と、決して少なくない比率で見られることが示された。黒人などに関する先行研究では、レイシズムは現代的レイシズムに変容したと指摘されているが、本研究の結果からは、在日コリアンに対するレイシズムが、古典的レイシズムから現代的レイシズムに交代しているという見方を採用することは困難である。また、古典的レイシズムと現代的レイシズムがそもそも異なる構成概念であるのかという根本的な問も、後の検討(研究4、5)に任された。

コリアンについてなされるツイートの多くはネガティブであるが、その少なくない分量はプレゼンスが極端に高い少数の差別的なアカウントによってなされていた。ソーシャル・メディアでの差別的な言説の広まりを考えるとき、こうした差別扇動家の役割は、けっして軽視できないものであろう。また、もしもTwitterのようなプラットフォーム各社が差別的な言説を抑止しようと考えるのであれば、このようなプレゼンスが極端に高いアカウントを重点的に管理すれば、労力に比して大きな成果を挙げることができるだろう。Twitterであれば、コリアンについての発言数が上位25件までのアカウントに制限を加えるだけで、差別的な投稿の流通量を10・1%も減じることができ、しかもこれらは閲覧者数が非常に多いものである。対象を上位二〇〇位まで拡げれば、21・4%を減じることができる。Twitterでは使用しているアカウントが規制された場合に新しいアカウントを作りなおすことは比較的容易であるが、新しいアカウントが作られたとしても、再び多くのフォロワーを獲得するまでは、こうしたユーザーの影響力が弱い期間が存在することになる。したがって、コリアンに関する投稿数とフォロワー数が極端に多いユーザーのみの発言を精査し必要な場合に規制することによって差別的な言説を一定程度抑止することは、人的リソースの面でも不可能なものではない。

コリアン関係のツイートは、〝拡散〟を意図してなされることが多く、実際リツイートされることも多かった。〝拡散〟を意図されることがとくに多いテーマは、ハッシュタグを用いたものとしては現代的レイシズムや歴史問題、政治と政治家、何者かを〝反日的である〟とする非難などであり、〝【拡散】〟などをつけたものとしては現代的レイシズム、隠された真実を明らかにするとする発言などであった。どちらの場合にもレイシズムを広めようという意図があることが分かる。

また、安田（2012）が指摘するように、マスコミへの不信と、それに代わる2ちゃんねる・2ちゃんねるまとめブログへの依存も広範に見られることが示された。この、在日コリアンへのレイシズムに対する伝統的なマスコミと2ちゃんねるなどのウェブサイトの影響は、研究6、7で改めて検証する。

2―2　研究1補足　レイシズム関連ツイートをさらに分析する

本節では、前節の研究で収集したツイートのうちとくに〝古典的レイシズム〟〝現代的レイシズム〟に関与するとコーディングされたツイートについて、さらなる分析を行う。分析の結果、これらのツイートは単に〝レイシズムに関与する〟というよりは、〝レイシズムを表出した〟ものであることが明らかになる。また、少数のユーザーの投稿が投稿全体に占める割合は、コリアンに関するツイート全般よりもさらに高かった。

さらに、レイシズムがどのような形で表出されているのか、その内容や性質について明らかにする。

2―2―1　目的

前節で行なった分析で用いられた〝古典的レイシズム〟〝現代的レイシズム〟のコードは、何らかの形でレイシズムに関わっていると考えられるツイートに付されたものであった。すなわち、レイシズムを表明する立場からの投稿なのか、レイシズムを批判する立場からの投稿なのかは、明らかにしていない。コリアンについてのツイートは総じてコリアンに対してネガティブな立場からなされたものであったが、レイシズムに関連すると分類されたツイートに限っても同様のことが成り立つのかを明らかにする必要がある。

また、古典的レイシズムコードと現代的レイシズムコードは比較的頻繁に共起していた。この共起がどのような形で生じていたのかについても、明らかにする必要があるだろう。

本節ではこの目的から、レイシズム関連ツイートのみに注目して再分析を行う。

2―2―2　方法

前節で収集され分析に用いられたコリアン関係ツイートのうち、古典的レイシズム関連ツイート11,778件、現代的レイシズム関連ツイート13,365件、計22,774件（ツイートの一部は両方の分類に含まれているため、単純な和と合計のツイート数は一致しない）のツイートを用い、前節と同様のソフトウェア・手続きによって分析した。

2―2―3　結果と考察

発言の感情価

まず、これらのツイートがコリアンに対してどのような立場からなされたものかを分析した。古典的レイシズム関連ツイート、現代的レイシズム関連ツイートからそれぞれ150件ずつを無作為に抽出し、前節の分析と同一の評定者が、同一のコーディング・ルールで、独立に評定を行なった。

古典的レイシズム関連ツイートでは、1回目の評定で高い一致度を示した（カッパ＝.89）。そこで、2名の評定値の平均値を算出し、そのツイートの感情価とした。感情価の分布は、ネガティブ91・3％（95%CI＝86.8 - 95.8%）、ニュートラルもしくは判断できない6・7％（95%CI＝2.7 - 10.7%）、ポジティブ2・0％（95%CI＝-0.75 - 4.8%）であった。

現代的レイシズム関連ツイートでは、1回目の評定では一致度が低かった（カッパ＝.19）。そこで、一致しなかったツイートについて再度独立に評定を行わせた。その結果、一方の評定者は三つのツイートを3（ポジティブ）と評定したが、他方の評定者では3と評定したツイートが無かったため、カッパは算出できなかったのだが、両者の相関はr＝.82と充分に高かったため、平均値を算出し感情価とした。感情価の分布は、ネガティブ95・3％（95%CI＝92.0 - 98.7%）、ニュートラル3・3％（95%CI＝0.5 - 6.2%）、ポジティブ1・3％（95%CI＝-0.5 - 3.1%）であった。

〝現代的レイシズム〟〝古典的レイシズム〟のコードを割り当てたツイートでのネガティブなツイートの比率とポジティブなツイートの比率の95％信頼区間はコリアンに関するツイート全体でのそれとは重ならないため、これらのツイートのほうがよりネガティブなものが多く、ポジティブなものが少なかったことになる。

したがって、現代的レイシズムもしくは古典的レイシズムに関連するものであるとコーディングされたツイートの圧倒的多数はコリアンに対してネガティブなものであり、単に〝レイシズムに関連する〟というよりは、〝レイシズムを表出した〟ものであったと言える。

投稿の形式

分析されたツイートのうち、リツイートの占める割合は、古典的レイシズム関連ツイートでは43・7％（95%CI = 42.8 - 44.6%）、現代的レイシズム関連ツイートでは48・2％（95%CI = 47.3 - 49.0%）であった。したがって、現代的レイシズム関連ツイートではコリアンに関するツイート一般（44.7% [95%CI = 44.4 - 44.9%]）に比べてリツイートの比率が高いことが示された。

投稿のシェア

前節と同様に、捕捉されたツイート数が上位25位および50位までのアカウントが全体に占めるシェアを算出した。

古典的レイシズム関連ツイートでは、捕捉された5,222IDのうち69・4％は捕捉されたツイートが1件のみで、それに対してShare(25)＝14.6、Share(50)＝19.3であった。

現代的レイシズム関連ツイートでは、捕捉された4,980IDのうち66・2％は捕捉されたツイートが1件のみで、それに対してShare(25)＝21.8、Share(50)＝26.2であった。

コリアンに関するツイート一般ではShare(25)＝10.1、Share(50)＝12.8であったのと比べると、投稿数が極端に多い投稿者の投稿が占める比率は古典的レイシズム関連ツイートの方が高いが、現代的レイシズム関連ツイートではさらに高いことが示された。

投稿数が上位26位から上位50位までのアカウントで比較すると、古典的レイシズム関連ツイート（4・7％）と現代的レイシズム関連ツイート（4・4％）では大きな差は見られない。つまり、現代的レイシズム関連言説を特徴づけるのは、上位25IDまでの際立って投稿数の多いアカウントに依る部分が相対的に大きいことである。

ただし、現代的レイシズム関連ツイートでは、発言回数が最多の単一のアカウントが全体の6・4％のシェアを占め、2位（2・2％）のアカウントの3倍近い投稿を行っていた。そこでこのアカウントの影響を取り除くため、上位2位〜25位のアカウントでの比較も行ったが、この場合にも24個のアカウントのシェアは現代的レイシズム関連ツイートでは15・4％、古典的レイシズム関連ツイートでは11・7％となり、現代的レイシズム関連ツイートでの方が高かった。

したがって、Twitterにおける現代的レイシズム言説は、コリアンについての言説全体や古典的レイシズムに関する言説よりも、少数（ただし単一ではない）のアカウントによって行われる傾向が相対的に高いと言える(11)。

頻出語の分析

次に、二種類のレイシズム関連ツイートそれぞれについて、頻出語の分析を行なった。表2・2・1および表2・2・2には、用いられたツイート数が多かった語のうち、名詞（〝人〟〝国〟〝韓〟〝日〟などの漢字1文字で通常複合語に用いられる名詞を除く）および解釈の可能な記号・文字列（〝RT〟および〝@〟を除く）のみの上位50件を示した。

抽出に用いられた語が多く見られるのは当然であるが、表2・1・1と異なり、第一段階の抽出に用いられた語の中では〝在日〟が最も多くなっている。したがって、レイシズムを表明するような言説で

表 2.2.1　古典的レイシズム関連ツイートにおける頻出語とそれを含む投稿数

順位	単語	投稿数	抽出	順位	単語	投稿数	抽出
1	http://	6,374		26	チョン	625	K
2	在日	6,215	K	27	相手	595	
3	韓国人	4,737	K	28	容疑	528	
4	犯罪	4,321	O	29	反対	522	
5	朝鮮人	3,907	K	30	尼崎	518	
6	韓国	3,225		31	ヤクザ	514	O
7	日本	3,079		32	整形	497	O
8	事件	2,960	O	33	マスコミ	495	
9	日本人	2,589		34	殺害	494	
10	逮捕	2,462	O	35	政治	488	
11	#	1,981		36	希望	483	
12	報道	1,385		37	人権	471	M
13	通名	1,249	M	38	速報	461	
14	強姦	1,243	O	39	原発	438	
15	拡散	1,156		40	デモ	433	
16	朝鮮	1,052		41	捏造	413	
17	外国人	886		42	中国	411	
18	反日	827		43	AKB	405	
19	被害	797		44	生活保護	398	M
20	女性	740		45	問題	395	
21	犯人	719	O	46	嵐	390	
22	レイプ	685	O	47	大阪	385	
23	殺人	669		48	警察	375	
24	差別	665		49	中国人	358	
25	ニュース	643		50	教育	356	

“抽出”列は，K はコリアンに関するツイートの抽出に用いられた語，O は研究 1 のデータから古典的レイシズムに関連するツイートを抽出するために用いられた語，M は現代的レイシズムに関連するツイートを抽出するために用いられた語である．

表 2.2.2 現代的レイシズム関連ツイートにおける頻出語とそれを含む投稿数

順位	単語	投稿数	抽出	順位	単語	投稿数	抽出
1	在日	11,369	K	26	設置	1,221	
2	http://	6,088		27	国民	1,017	
3	朝鮮人	4,944	K	28	民主党	1,009	
4	日本人	4,250		29	報道	984	
5	生活保護	3,971	M	30	機関	918	
6	外国人	3,430		31	民団	876	
7	日本	3,386		32	AKB	863	
8	#	3,104		33	自民党	801	
9	人権	2,909	M	34	パチンコ	799	
10	参政権	2,798	M	35	事件	788	O
11	韓国	2,771		36	成立	769	
12	特権	2,746	M	37	進駐軍	767	
13	通名	2,540	M	38	反日	766	
14	法案	2,430		39	支給	765	
15	韓国人	2,197	K	40	年金	762	M
16	朝鮮	1,725		41	嵐	756	
17	拡散	1,629		42	慰安婦	753	
18	廃止	1,513		43	不法	733	
19	受給	1,439	M	44	チョン	643	K
20	差別	1,391		45	擁護	623	
21	犯罪	1,352	O	46	選挙	604	
22	問題	1,345		47	不正	595	
23	救済	1,310		48	委員	593	
24	反対	1,267		49	侵害	586	
25	政治	1,246		50	竹島	573	

"抽出" 列は，K はコリアンに関するツイートの抽出に用いられた語，M は研究 1 のデータから現代的レイシズムに関連するツイートを抽出するために用いられた語，O は古典的レイシズムに関連するツイートを抽出するために用いられた語である．

は、コリアンに関連する言説一般に比べて在日コリアンへの明示的な言及が多くなされていることが分かる。現代的レイシズムは日本におけるコリアンの〝特権〟にまつわるものであり、在日コリアンへの言及が多いのは当然と言えるが、古典的レイシズムにおいても在日コリアンへの言及が多い点は注目に値する。

表2・2・1では、前節のデータから古典的レイシズム関連ツイートを抽出する際に用いられた語の中では、〝犯罪〟(4,321件)、〝事件〟(2,960件)、〝逮捕〟(2,462件)、〝強姦〟(1,243件)など犯罪に関するものが多く見られた。他に犯罪に関する語としては〝被害〟(797件)、〝殺人〟(669件)、〝容疑〟(528件)、〝殺害〟(494件)などが見られており、また動詞であるため表2・2・1には含まれなかった語としては、〝犯す〟(396件)も多く見られた。〝女性〟(740件)の語も、コリアンが女性(とくに日本人女性)を強姦した、あるいはしているとする投稿に多く用いられていた。

2ちゃんねるまとめブログに関する語(〝速報〟461件)も多く表れている。この他に、現代的レイシズムに関する語と分類されている単語も含まれており、とくに〝通名〟(1,249件)が多く見られた。

表2・2・2では、第二段階の抽出に用いられた在日コリアンの〝特権〟に関する語としては〝生活保護〟(3,971件)、〝人権〟(2,909件)、〝参政権〟(2,798件)などが多く見られた。

また、政治、法制度、社会保障などに関する語が多数見られる。これらを用いたツイートには、コリアンを〝優遇〟するような制度に反発するものが多く見られた。〝差別〟(1,391件)を用いたツイートは、そのほとんどが〝在日コリアンが日本人を差別している〟とするものか〝在日が本来差別ではないものを差別だと主張している〟などとするものであり、現代的レイシズムを表出したものであると考え

表 2.2.3　追加されたツイート分類コード

コード	分類に用いられた単語
古典的レイシズム一般	劣る，劣等，火病
古典的レイシズム犯罪	犯罪，犯す，事件，強姦，レイプ，襲う，悪事，凶悪，強盗，ヤクザ，逮捕，犯人，殺人，容疑，殺害，暴行，被害
古典的レイシズム容姿	整形
現代的レイシズム一般	特権，人権，差別
現代的レイシズム社会保障	生活保護，受給，年金
現代的レイシズム通名	通り名，通名
現代的レイシズム参政権	参政権

下線は前節では用いられていない単語

られた。たとえば、〝通名が朝鮮人や中国人だけに許される社会なんて逆差別だ！〟というツイートなどである。〝進駐軍〟（767件）[12]、〝慰安婦〟（753件）など、歴史的な事件に関する語も多く見られる。

表2・2・2では、古典的レイシズムに関する語としては、〝犯罪〟（1,352件）、〝事件〟（788件）の語が多く見られている。

コードに基づく分析

次に、特定の単語を含むか否かによりコードを作成し分析する。基本的には前節の表2・1・2の分類基準に従うのだが、二種類のレイシズムのコードについては、本節での分析目的に適したものになるように、頻出語の分析を参照しつつ修正を加えた（表2・2・3）。

〝古典的レイシズム〟のコードは三つに細分化した。〝古典的レイシズム一般〟のコードは、コリアンが劣っているとする投稿に典型的に見られる語を含むものである。〝古典的レイシズム犯罪〟は、コリアンの犯罪、つまり道徳的劣等性に関わるものについての投稿に典型的に見られる語を含むものである。頻

表 2.2.4　コード別出現ツイート数と出現率

コード	コリアン関連ツイート全体		古典的レイシズム関連ツイート		現代的レイシズム関連ツイート	
	ツイート数	出現率	ツイート数	出現率	ツイート数	出現率
古典的レイシズム合計	13,511	12.33	11,778	100.00	2,555	19.12
古典的レイシズム一般	517	0.47	517	4.39	38	0.28
古典的レイシズム犯罪	12,568	11.47	10,835	91.99	2,515	18.82
古典的レイシズム容姿	497	0.45	497	4.22	6	0.04
現代的レイシズム合計	16,837	14.95	2,676	22.72	13,365	100.00
現代的レイシズム一般	8,861	8.09	1,104	9.37	5,839	43.69
現代的レイシズム社会保障	4,321	3.94	452	3.84	4,321	32.33
現代的レイシズム通名	2,572	2.35	1,273	10.81	2,572	19.24
現代的レイシズム参政権	2,798	2.55	173	1.47	2,798	20.94
歴史問題	12,336	11.26	1,228	10.43	1,649	12.34
外交問題	4,920	4.49	529	4.49	757	5.66
マスコミ	9,922	9.05	2,187	18.57	1,735	12.98
政治	22,654	20.67	2,214	18.80	5,882	44.01
中国	9,851	8.99	962	8.17	911	6.82
反日系	8,280	7.56	1,009	8.57	1,183	8.85
真実系	8,964	8.18	1,414	12.01	1,387	10.38
侮辱語	5,523	5.04	540	4.58	544	4.07
２ちゃんねる	5,721	5.22	733	6.22	499	3.73
拡散呼びかけ	6,348	5.79	1,156	9.81	1,629	12.19
話題の共有	18,991	17.33	2,079	17.65	3,218	24.08
合計	109,589	100.00	11,778	100.00	13,365	100.00

出語の分析をもとに、いくつかの語を追加した。〝古典的レイシズム容姿〟は、〝整形〟の語のみであり、コリアンの容姿の面での劣等性をあげつらう投稿が典型的なものであった。

同様に、〝現代的レイシズム〟のコードも、四つに細分化した。〝現代的レイシズム一般〟は、在日コリアンの権利一般に関する投稿に典型的に見られる語を含むものである。頻出語の分析に基づき、〝差別〟の語も加えた。〝現代的レイシズム社会保障〟〝現代的レイシズム通名〟〝現代的レイシズム参政権〟は、それぞれの制度に関する語を含むものである。これらのコードに分類されるツイートの典型的なものは、在日コリアンがそれらの制度の恩恵を受けることを〝特権〟〝不当な要求〟などと非難するものであった。

次に、このコードを用いて分類されたツイート数とその出現率を表2・2・4に示す。コリアン関連ツイートの列は前節のデータを用いたが、前述のように一部コードを修正しているため、〝古典的レイシズム合計〟と〝現代的レイシズム合計〟のコードに該当するツイートの数・出現率は若干異なっている。今回コーディングのために追加した単語は、本節で分析しているレイシズム関連ツイートでは明らかに二つのレイシズムに関する語として用いられていることが多いものだが、コリアン関連ツイートでは二つのレイシズムに関係ない語として用いられている場合も多い（例えば、〝被害〟の語は、古典的レイシズム関連ツイート全体では〝日本人が在日コリアンの犯罪の被害に遭うこと〟への言及が多いが、コリアン関連ツイートでは〝慰安婦は売春婦だったんだから、被害者ではない〟といったツイートにも多く用いられていた）。したがって、コリアン関連ツイートの列におけるレイシズム関連語の出現頻度は、やや過大な推測になっている。

古典的レイシズム関連ツイートは、そのほとんどが〝古典的レイシズム犯罪〟コードに分類された。表2・2・1において、第一段階の抽出に用いられた語のうちで最もよく表れていたのが〝在日〟の語であることも考えると、コリアンの〝劣等性〟への言及は、抽象的な言及（〝古典的レイシズム一般〟のコードに分類されるような言及）ではなく、在日コリアンの、日本人への加害性への言及という形でなされていると考えられる。こうしたものの中には単に〝事実の摘示〟を行なっているに過ぎないものも含まれていると考えられるため、これらが現に〝レイシズム〟の反映であることを示すためには、他の人種・民族集団についての場合よりも多く見られることを示すことも必要だろう。ただし、次の点は指摘できる。犯罪に関するツイートで、犯人がコリアンだとするものの中には、真偽が疑わしいものが相当数含まれていた。コリアンが犯人だという根拠の無い犯罪を、コリアンを攻撃するための材料として用いているものが多く見られたのである。

現代的レイシズム関連ツイートでは、細分化した四つのコードがいずれも一定数見られた。

その他に、コリアン関連ツイート全体とレイシズム関連ツイートでは、以下のような異同が見られる。まず、〝マスコミ〟〝真実系〟〝拡散呼びかけ〟のコードが、古典的レイシズム関連ツイートでも現代的レイシズム関連ツイートでも比較的多い。〝政治〟コードは、現代的レイシズム関連ツイートで多く見られ、コリアン関連ツイート全体での比率の2倍以上で見られた。〝2ちゃんねる〟コードは現代的レイシズム関連ツイートではやや少なく、古典的レイシズム関連ツイートでの方が多かった。〝話題の共有〟コードは、現代的レイシズム関連ツイートで多かった。

最後に、コード間の関係を検討するため階層的クラスター分析を行なった結果を、図2・2・1に示す。

第(2)クラスターを見ると、〝古典的レイシズム犯罪〟〝マスコミ〟〝現代的レイシズム通名〟の三つがクラスターを形成している。古典的レイシズムに関するコードと現代的レイシズムに関するコードの両方を含むクラスターはこれ以外には存在せず、したがって前節で見られた〝古典的レイシズム〟コードと〝現代的レイシズム〟コードの共起関係は、主としてこの部分に依っていると考えられる。この三つ

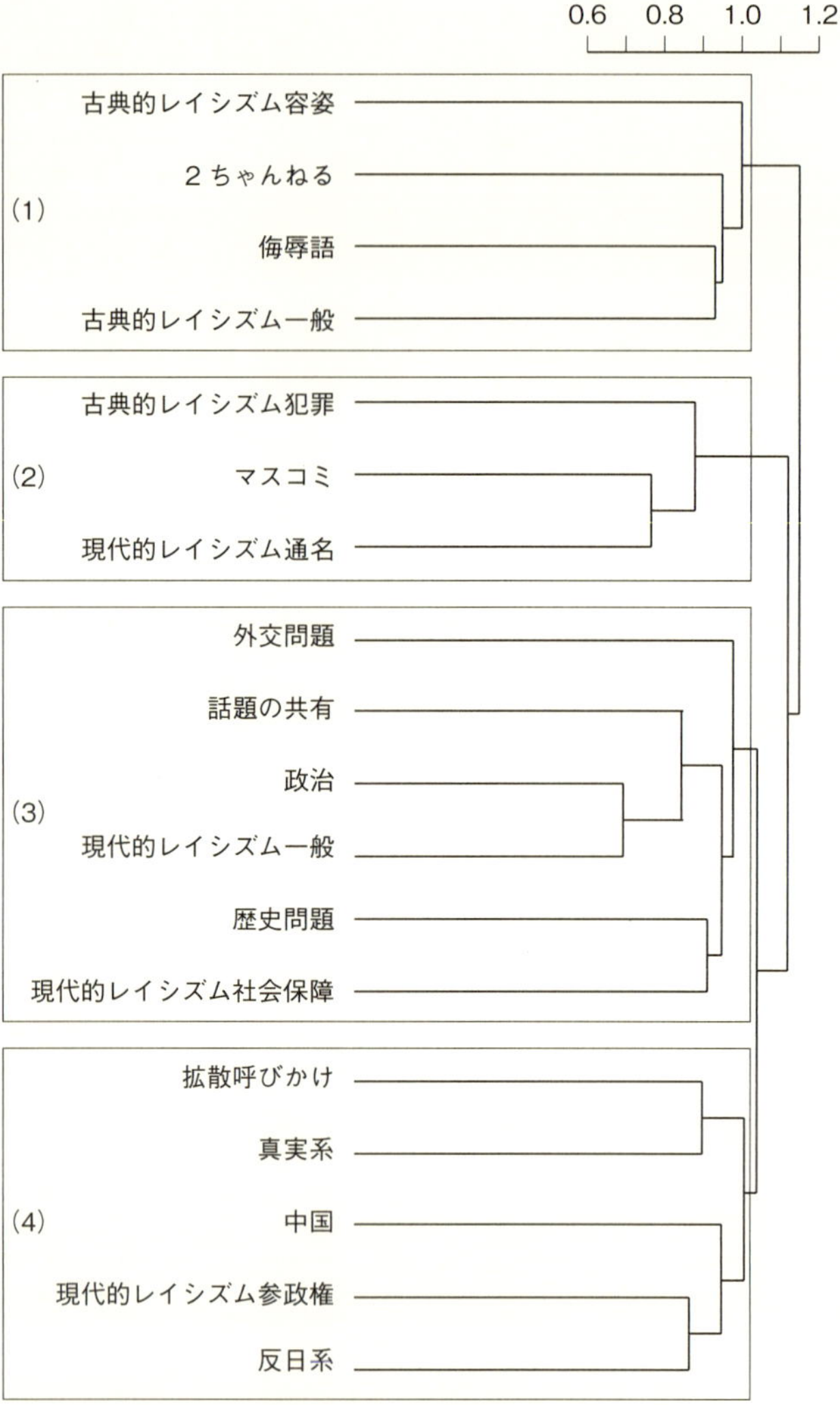

図 2.2.1　コードを用いた階層的クラスター分析

のコードを含むツイートには例えば、〝在日は日本で凶悪犯罪をしたい放題。でもマスコミは通名でしか報道しない。おかしくない?〟といったものなどがある。したがって、通名の使用が特権として非難されており、そのことが在日コリアンが犯罪を多数犯しているという信念と結びついていたのである。同時にそれは、マスコミへの不信感を伴うものであった。

レイシズム関連コードを含まないコード間の共起関係については前節ですでに分析しているため、レイシズム関連コードを含むクラスターのみについて順に検討する。〝現代的レイシズム参政権〟のコードは、〝反日系〟と共起していた。これらは例えば、〝外国人参政権に反対しているのは自民党だけ! 他の党は反日の朝鮮人に参政権を与えるつもりだ!〟などと、外国人参政権に反対する根拠として在日コリアンが〝反日的である〟ことをあげるものや、〝売国民主党が在日に参政権を認めようとしている! 断固阻止!〟などと、外国人参政権を容認する者を〝売国的である〟と攻撃するものなどであった。

第(1)クラスターに見られる〝古典的レイシズム一般〟〝古典的レイシズム容姿〟は、そもそも生起率自体が低いのだが、生起する場合には〝侮辱語〟〝2ちゃんねる〟とともに用いられることが比較的多かったようである。

第(3)クラスターを見ると、〝現代的レイシズム一般〟と〝政治〟のコードが下位クラスターを形成していた。これは、〝民主党は在日特権を守ろうとしている〟〝人権擁護法案が通ったら、在日は特権階級だ〟など、政治家が在日コリアンの権利を擁護することへの反感が表出されていたことによるようである。また、〝現代的レイシズム社会保障〟と〝歴史問題〟も下位クラスターを形成していた。これは、

〝在日は勝手に日本に来たくせに強制連行されたと嘘をついて生活保護を貪っている〟のように、歴史上のコリアンへの加害行為を否定することで、在日コリアンが日本の社会保障の恩恵を受けることを非難するツイートが多く見られたことによった。

2―2―4　研究1補足のまとめ

本節では、研究1で取得したコリアンに関するツイートのうち、二種類のレイシズムに関係しているとコーディングされたもののみについて、より詳細な分析を試みた。研究1でレイシズムに関係しているとされたツイートの圧倒的多数はコリアンに対してネガティブなものであり、したがって単にレイシズムに関係しているというよりは、レイシズムを表出したものであったと言える。またこれらのツイートでは、コリアンに関連するツイート全体に比べて、少数の投稿者が占める比率が高かった。

研究1で見られた古典的レイシズムと現代的レイシズムの共起関係は主に、在日コリアンの犯罪が通名を使う権利のせいで正しく報じられていないとする言説によって、表れていた。このことは、古典的レイシズムが現代的レイシズムを準備するだけでなく、逆に現代的レイシズムが強いほど古典的レイシズムも強められやすい可能性を示唆するものである。つまり、在日コリアンがマスコミなどによって守られていると信じる現代的レイシズムの強い者ほど、日本で起きる様々な犯罪の犯人はコリアンではないかと疑い、その結果古典的レイシズムを強めるのかもしれないのである。近年の日本で古典的レイシズムに属する〝古い〟偏見が盛んに表出されているのは、それに先行して〝在日特権〟言説が広まったことを受けてのものであるのかもしれない。この点は、文献を用いた言説分析や、縦断的調査を用いた個人内でのレイシズムの影響関係の分析を行うことで、検証する必要があるだろう。

コリアンに関するツイートは〝拡散〟を呼びかけたり〝話題の共有〟を指向したりするものが多かったが、この傾向はレイシズムに関するツイートではさらに強かった。とくに現代的レイシズムに関する言説では、実際にリツイートされることが多かったことが示された。

また現代的レイシズムに関しては、歴史問題において日本が加害者とされることへの反感が、在日コリアンが社会保障の対象になることへの否定的な態度と結びついていることが示された。保守派の安倍総理率いる自民党が圧倒的多数で政権を握っていること、朝日新聞が吉田証言についての報道を訂正したことなどを受けて、二〇一五年の現在、歴史修正主義的な言説は一層活発になっている。こうした歴史修正主義的な言説の強まりは、今後一層、在日コリアンを社会保障の対象外にしようとする動きを勢いづかせる可能性がある。

2—3　研究2　中国人についての言説を用いた比較

本節では、コリアンと同様ネガティブな外集団であると考えられる中国人についてのツイートを収集し、計量的な分析を行う。これを通じて、コリアンについての言説で真に特徴的といえるのはどの点かを明らかにする。

2―3―1　問題と目的

研究1ではコリアンについての言及とワイルドカード検索の結果を比較したが、ワイルドカードで検索されたツイートは個人や集団に言及したものばかりではないため、比較対象として適切ではない可能性がある。つまり、コリアンについての言説の特徴として指摘したものが、コリアンが対象の場合に特有の言説ではなく、個人や集団への言及においては一般的である可能性もある。

そこで、研究3ではコリアンと同じく日本人にとっての外集団である中国人についての言説を分析する。中国人は、民族に対する態度としては原谷ら（1960）の調査において、〝朝鮮人〟〝黒人〟〝ユダヤ人〟よりは上位であったものの、下位に位置した。また国としては近年の〝外交に関する世論調査〟において、中国に対して〝親しみを感じない〟〝どちらかというと親しみを感じない〟という回答の割合が合わせて80・6％と、韓国の59・0％をしのぎ調査対象となった国々の中で最も高かった（内閣府大臣官房政府広報室 2013）。これらのことから、中国人は日本人にとってネガティブな外集団であると考えられる。また研究1で示したように、コリアンと併せて言及されることも多いことから、比較対象として好適であると考えられる。

2―3―2　方法

二〇一二年九月十八日から二〇一二年十一月五日にかけて、Twitterを〝中国人〟で検索した結果を、研究1と同じ方法を用いて収集した[13]。したがって、検索結果には日本に住む中国人についてのツイートと、中国や他の国に住む中国人についてのツイートの両方が含まれる。中国人に言及する際には〝シナ人〟〝支那人〟などの蔑称が用いられることもあるのだが、朝鮮人に対する別称である〝チョン〟ほど頻繁ではないため、それらは本研究では抽出語としては用いられていない。

2—3—3　結果と考察

計67,884件のツイートが取得された。これらのツイートをすべて用いて分析を行った。このうちリツイート以外のツイートは42,745件で、すべての発言数に占めるリツイートの比率は37・0％であり、リツイート率は研究1で示したコリアン関係ツイートの44・7％よりも小さかった（$\chi^2(1) = 1000.9, p < .001$）。

発言者の性質

捕捉されたアカウント数は42,013IDであった。このうち81・9％の発言者は、一回のみ発言が捕捉されていた。研究1と同様、100回以上発言が捕捉されたアカウントも複数（7ID）あったが、収集された総ツイート数が異なるため、このまま比較するのは困難である。そのため、占有率Share(a)を用いてコリアン関係ツイートと比較する。中国人関連ツイートの場合、Share(25) = 4.3（コリアン関連ツイートでは10.1、ワイルドカードのツイートでは0.16）、Share(50) = 5.8（コリアン関連ツイートでは12.8、ワイルドカードのツイートでは0.27）であった。したがって、少数のユーザーの投稿が大きな比率を占める傾向は、ワイルドカードのツイートに比べると強いが、コリアン関連ツイートに比べると弱いことが分かる。

表 2.3.1　頻出語とそれを含む投稿数

順位	単語	投稿数	順位	単語	投稿数	順位	単語	投稿数
1	中国人	67,301	21	在日	1,792	41	メディア	1,197
2	http://	28,905	22	ドイツ	1,778	42	今日	1,175
3	中国	19,042	23	報道	1,768	43	学生	1,162
4	日本	16,674	24	事件	1,742	44	CHINA	1,154
5	日本人	13,507	25	経済	1,733	45	MSN	1,147
6	#	7,212	26	企業	1,672	46	大学	1,146
7	韓国人	5,182	27	政治	1,609	47	救助	1,075
8	反日	4,401	28	世界	1,508	48	国民	1,069
9	デモ	4,249	29	日本語	1,424	49	逮捕	1,040
10	尖閣	3,746	30	関係	1,418	50	情報	1,001
11	ニュース	3,551	31	沖縄	1,415	51	toshio	1,000
12	韓国	3,360	32	NEWS	1,402	52	整形	988
13	問題	3,149	33	外国人	1,385	53	中華	976
14	留学生	2,696	34	歴史	1,343	54	批判	976
15	アメリカ人	2,178	35	尖閣諸島	1,292	55	人間	973
16	フランス	2,111	36	女性	1,279	56	tamogami	972
17	観光	2,084	37	産経	1,234	57	2ch	966
18	政府	1,901	38	ネット	1,231	58	民族	962
19	朝鮮人	1,892	39	イタリア	1,228	59	領土	959
20	自分	1,803	40	速報	1,225	60	ノーベル	954

頻出語の分析

研究1と同様のソフトウェア、手法を用いて集計した頻出語60語を、表2・3・1に示す。

抽出語に用いられた〝中国人〟の数が抽出ツイート数と一致しないのは、〝中国人〟の語が何らかの複合語の一部として計上されているためと思われる。〝中国人〟以外では、〝日本〟(16,674件)、〝日本人〟(13,507件)、〝反日〟(4,401件)、〝日本語〟(1,424件)など、日本に関する語が多く用いられていたという点は、研究1と同じである。また、〝韓国人〟(5,182件)、〝韓国〟(3,360件)、〝朝鮮人〟(1,892件)など、コリアンに関する語も多く用いられていた。この点は、研究1で抽出したコリアン関連ツイートで中国人への言及が多く見られていたのと同じように、中国人とコリアンが一緒に言及されることが多かったことを示している。

レイシズムに関しては、〝事件〟（1,742件）、〝逮捕〟（1,040件）、〝整形〟（988件）など研究1で〝古典的レイシズム〟コードに分類された語が本研究でも多く見られた。一方、研究1で〝現代的レイシズム〟コードに分類された語はあまり見られなかった。

政治と政治家に関する語としては、〝政府〟（1,901件）、〝政治〟（1,609件）などの語が多く見られ、マスコミに関連する語としては〝報道〟（1,768件）の語が多く見られている。

メディアとしては、〝速報〟（1,225件）、〝2ch〟（966件）といった2ちゃんねるおよび2ちゃんねるまとめブログに関する語の他に、インターネット上でニュースを配信する媒体として、MSN産経ニュース（〝産経〟（1,234件）、〝MSN〟（1,147件）など）、主として中国に関連するニュースを扱うサイトの名称及びそれらのニュースサイトのTwitter IDの一部である〝CHINA〟（1,154件）、同じくニュースサイトの名称、ニュースサイトのTwitter IDの一部である他、ニュースサイトからの情報であることを示すハッシュタグとしても用いられる〝NEWS〟（1,402件）、などが見られる。

また、外交問題や歴史問題に関する語としては、〝沖縄〟（1,415件）、〝歴史〟（1,343件）、〝尖閣諸島〟（1,292件）、〝領土〟（959件）などの語が多く見られた。

〝http://〟（28,905件）の文字列も、研究1と同様多く見られた。

研究1では多く見られたが本研究では多くは見られなかった語としては、〝拡散〟の語が挙げられる。

研究1ではあまり見られなかった語としては、〝アメリカ人〟（2,178件）、〝フランス〟（2,111件）、〝ド

表 2.3.2　コード別投稿数と出現率

コード名	中国人関連ツイート 投稿数	中国人関連ツイート 出現率（%）	コリアン関連ツイート 投稿数	コリアン関連ツイート 出現率（%）
コリアン	10,940	16.12	108,794	99.27
現代的レイシズム	1,428	2.10	13,365	12.20
古典的レイシズム	5,124	7.55	11,778	10.75
歴史問題	4,464	6.58	12,336	11.26
外交問題	1,876	2.76	4,920	4.49
マスコミ	4,553	6.71	9,922	9.05
政治	6,167	9.08	22,654	20.67
中国	67,539	99.49	9,851	8.99
反日系	5,337	7.86	8,280	7.56
真実系	2,541	3.74	8,964	8.18
侮辱語	2,202	3.24	5,523	5.04
２ちゃんねる	3,101	4.57	5,721	5.22
拡散呼びかけ	904	1.33	6,348	5.79
話題の共有	7,343	10.82	18,991	17.33
コード無し	152	0.22	246	0.22

コード無しは，本表中に示したコードのいずれにも当てはまらなかったものを指す。

イツ〟（1,778件）、〝イタリア〟（1,228件）などの諸外国に関連する語が多く見られている。また、中国に対する蔑視発言を繰り返し行っている極右の元自衛隊高官のTwitter IDの一部も多く登場していた。これは、この元自衛隊高官に向けて発せられた〝リプライ〟[14]と呼ばれる形式のツイートや、この元自衛隊高官の発言をリツイートしたツイートが多く存在したことによる。

コードに基づく分析

次に、コードに基づく分析を行うが、コーディング・ルールには研究1と同じものを用いた。これは、本研究の目的が主として研究1と比較することにあるからである[15]。〝歴史問題〟〝外交問題〟についても研究1と同様のコーディング・ルールを用いるため、中国人についてのツイートにおいて歴史問題や外交問題が言及される確率を過小評価している可能性がある。

コード別の出現頻度と出現率を表した表2・3・2には、研究1のコリアン関連ツイートの結果も併せて記した。なお、サンプルサイズが大きいためカイ二乗検定の結果は容易に有意になる。そのため、もっぱら比率の絶対的な差に基づいて議論を行う。

まず、〝中国〟コードが一〇〇％でないのは、研究1と同じく、〝中国人〟の語が他の複合語などの一部として計上されているためと思われる。今回サンプルの抽出に用いられたわけではない〝コリアン〟のコードは16・12％と多く、やはり中国人とコリアンが並列で言及されることが多いことが分かる。

次にレイシズムに関してであるが、〝現代的レイシズム〟については中国人関連ツイートではコリアン関連ツイートよりも遥かに少ない。一方、〝古典的レイシズム〟に関しては、中国人関連ツイートとコリアン関連ツイートの間の差は相対的に小さかった。したがって、コリアンについての言説を特徴づけるのは、古典的レイシズムよりも現代的レイシズムであると言える。

ただし、本研究では研究1と異なり、中国人の蔑称である〝シナ人〟〝支那人〟などの語を用いていない。レイシズムが、蔑称が用いられるときにとくに表明されやすいのであれば、この差は結果を歪めた可能性がある。そこで、研究1のデータを用いて、蔑称がレイシズム関連語と共起しやすかったかどうかを明らかにする。表2・3・3に、研究1における〝韓国人〟〝朝鮮人〟〝在

表 2.3.3 研究1における検索語とレイシズムのJaccard係数

	現代的レイシズム	古典的レイシズム
韓国人	.04	.08
朝鮮人	.13	.11
在日	.25	.13
チョン	.03	.03

日〟〝チョン〟の四つの検索語と、〝現代的レイシズム〟〝古典的レイシズム〟のコードの共起度合い(Jaccard係数)を示す。

〝現代的レイシズム〟〝古典的レイシズム〟のいずれにおいても、蔑称である〝チョン〟との共起度合いは四つの検索語の中で最も弱かった。この結果は、蔑称を用いた場合にレイシズム的なコードがとくに共起しやすいわけではないことを示している。そのため研究1と本研究の違いは、蔑称を検索語に用いたか否かによってもたらされたものではないと考えられる。

〝歴史問題〟、〝外交問題〟に関しては、中国人関連ツイートとコリアン関連ツイートの間に開きがあったのだが、これらのコードがもっぱらコリアンとの間の問題のみを用いて作成されていることに留意する必要がある。つまり、中国人関連ツイートにおいて〝歴史問題〟が6・58%、〝外交問題〟が2・76%見られているが、中国人に固有の歴史問題・外交問題も加えて分析した場合には、これより大きな値が得られる可能性がある。

〝マスコミ〟[16]は6・71%、〝真実系〟は3・74%と、中国人関連ツイートでも少なくない数が見られたのだが、それぞれコリアンに関するものにおける出現率の74%、46%であった。したがって、中国人に関する言説においてもマスコミ不信や真実が隠されているとする猜疑心・被害者意識は特徴的ではあるのだが、コリアンに関する言説の場合ほどではない。一方、〝2ちゃんねる〟に関してはコリアン関連ツイートの88%の出現率であり、2ちゃんねるに情報源を依存する傾向は中国人に関する言説でも強いことが分かる。

また、〝拡散呼びかけ〟はコリアン関係ツイートの23%と大幅に少なく、〝話題の共有〟も62%と、コリアン関係ツイートに比べると少ない。このことと総ツイート数に占めるリツイートの比率が中国人関連ツイートの方がコリアン関連ツイートよりも低いことを併せて考えると、中国人についての言説に比べコリアンについての言説のほうが明示的に〝拡散〟を指向するツイートが多く、実際に〝拡散〟されやすいことが分かる。

〝コリアン〟〝中国〟を除く他のすべてのコードを用い、いずれのコードにも該当しないツイートの比率を算出すると、本研究の中国人関連ツイートでは57・4％であったのに対して、研究1のコリアン関連ツイートでは39・0％であった。したがって、研究1で作成したコードは、コリアンに関する言説を捕捉するほどには、中国人に関する言説を捕捉できていないと言える。

2―3―4　研究2のまとめ

研究2では、コリアン関連ツイートとの比較のために、同じくネガティブな外集団である中国人に関連するツイートを収集し、分析した。これは、研究1においてコリアンへの言説の特徴として指摘したものが、ネガティブな個人や集団への言及においては一般的である可能性があったためである。

分析の結果、コリアンへの言説と中国人に対する言説は異なっており、コリアンに対するレイシズムを特徴づけるのは、古典的レイシズムよりも現代的レイシズムであることが示された。現代的レイシズムはそれが依拠する信念の内容上、国内にいる人種・民族的マイノリティに向けられるものである。日本国内の人種・民族的マイノリティとしては、表1・1・1に示したようにすでに中国人の数がコリアンを上回っているのだが、〝特権〟が関わるレイシズムは、より人数の多い中国人よりも、複雑な歴史的経緯を持ち日本国内で特殊な位置づけであるコリアンに対して、より頻繁に向けられるようである。

隠された真実があるとするツイートは、コリアンについての言説での方が、中国人についての言説でよりも多かった。

また、コリアンに関するツイートでは中国人に関するものに比べ明示的に〝拡散〟を指向したものが多く、実際に〝拡散〟されやすいことも明らかになった。コリアンについて〝拡散〟を指向するものが、レイシズムに関するものや〝隠された真実を暴く〟としたりする、コリアンに対してネガティブなものであったことを考えると、このようなネガティブな情報を広めようという動機が、コリアンに対しては中国人に対してよりも強いということを示唆している。

以上のことから、研究1においてコリアンへの言説の特徴として指摘したものの多くは、ネガティブな集団への言及において一般的なものではなく、コリアンについての言説において特徴的なものであると考えられる。

2―4　研究3　日本人についての言説――意識されるコリアン

本節では、日本語ツイートの投稿者の内集団である日本人の語を用いたツイートを収集し、分析する。この分析により、日本人の国民意識あるいは民族意識において、コリアンが最も重要な他者となっていることを示す。また、コリアンについての言説の特徴として指摘した点について、実際に日本人についての言説の特徴とは異なっていることを示す。

2―4―1　問題と目的

研究1ではTwitterにおけるコリアンについての言説を、研究2ではそれに並ぶ外集団である中国人についての言説の分析を行い、その異同を示した。しかしながら、偏見の問題について考えるときに見逃してはならないのは、内集団と外集団との間の差異である。そこで、研究3では、日本人にとって内集団である日本人[17]についての言説の分析を行う。この検討を通じて、(1)研究1、2で示したコリアンについての言説の特徴が、真にコリアンについての言説を際立たせていることを示し、同時に、(2)日本人にとって最も顕著な外集団がコリアンであることを示す。

2―4―2　方法

二〇一二年三月二十五日から二〇一三年二月十六日にかけて、研究1、2と同様の手法で、〝日本人〟の語を含むツイートを収集し、これまでの研究と同様のソフトウェアを用いて分析した。ただし、取得間隔は1時間に一度であった。日本語で投稿されるツイートでは、〝日本人〟の語を含まなくても、日本人を指して行われているものも多い。たとえば、〝国民〟の語を用いたものがそうであるし、〝社会人〟〝学生〟などの語を用いた場合も、多くは日本人のそれを指している。したがって、本研究で対象としたのは日本人について言及するツイートのすべてではなく、そのうち明示的に日本人というカテゴリに言及したものであり、おそらくは日本人以外の他者との比較を行っていたり他者から日本人がどのように見られているかに言及したりしているものが多いと考えられる。

2―4―3　結果と考察

収集されたツイートは100,691件であり、このすべてを分析に用いた。リツイート以外のツイートは59,659件であった。総発言数に占めるリツイートの比率は40・8％であり、コリアン関連ツイート（44・7％）と中国人関連ツイート（37・0％）の中間程度であった。

発言者の性質

捕捉されたアカウント数は73,887IDで、うち81・2％のアカウントは、捕捉された発言数が一回のみであった。一方、やはり捕捉された投稿数が一〇〇件を超えるアカウントが91IDあったのだが、占有率はShare(25)＝2.4（コリアン関連ツイートでは10.1）、Share(50)＝3.2（コリアン関連ツイートでは12.8）と、コリアン関連ツイートの場合に比べて低いことが分かる。したがって、少数の極端にプレゼンスの高いユーザーの影響力は、コリアンについての言説のほうが日本人についての言説の場合よりも強いことが示唆される。

頻出語の分析

研究1と同様の手法・ソフトウェアを用いて集計した頻出語60語を、表2・4・1に示す。

抽出に用いられた〝日本人〟を用いた発言数が抽出ツイート数と一致しないのは、この語が他の複合語の一部として抽出されているためと思われる。〝日本人〟の他に日本に関連する語としては、〝日本〟

表 2.4.1　頻出語とそれを含む投稿数

順位	単語	投稿数	順位	単語	投稿数	順位	単語	投稿数
1	日本人	100,098	21	原発	2,159	41	アメリカ人	1,459
2	http://	29,606	22	国民	2,145	42	顔	1,456
3	日本	18,342	23	中国人	2,083	43	民主党	1,454
4	#	9,293	24	話	2,053	44	関係	1,398
5	韓国	6,662	25	必要	2,005	45	文化	1,396
6	世界	5,178	26	アメリカ	1,959	46	時代	1,393
7	自分	4,449	27	言葉	1,868	47	仕事	1,364
8	中国	4,209	28	BOT	1,865	48	デモ	1,348
9	今	4,154	29	人間	1,832	49	差別	1,340
10	英語	3,338	30	反日	1,802	50	情報	1,334
11	女性	3,230	31	今日	1,783	51	教育	1,319
12	問題	3,121	32	拡散	1,745	52	政府	1,314
13	外国人	3,098	33	選手	1,732	53	成功	1,292
14	日本語	2,898	34	先生	1,612	54	心	1,274
15	海外	2,805	35	朝鮮人	1,587	55	外国	1,243
16	韓国人	2,656	36	男性	1,579	56	全員	1,241
17	一番	2,389	37	時間	1,555	57	名前	1,232
18	在日	2,289	38	意味	1,529	58	ドイツ	1,216
19	ニュース	2,256	39	報道	1,521	59	理由	1,214
20	政治	2,201	40	社会	1,497	60	事件	1,213

(18,342件)、〝日本語〟(2,898件)、〝反日〟(1,802件)なども多く見られた。

日本以外の国・民族としては、最も顕著だったのはコリアン関連語で、〝韓国〟(6,662件)、〝韓国人〟(2,656件)、〝在日〟(2,289件)、〝朝鮮人〟(1,587件)などが多く見られた。次に多かったのは〝中国〟(4,209件)、〝中国人〟(2,083件)の中国人関連語であった。さらに、〝アメリカ〟(1,959件)、〝アメリカ人〟(1,459件)〝ドイツ〟(1,216件)も多く見られた。この他に、表中には記していないが、〝フランス〟(1,098件)、〝外人〟(1,047件)なども多く見られた。〝世界〟(5,178件)、〝海外〟(2,805件)なども多かったことを考えると、明示的に〝日本人〟に言及するツイートでは、やはり日本人以外との比較を行ったり、海外からの視線を意識したりする発言がなされていることが示唆される。

研究1でレイシズムに関連する語として挙げたものは表中には見られなかったが、〝差別〟（1,340件）の語は比較的多く見られた。この語を用いたツイートの中には〝日本人が差別されている〟とするものが多く見られ、〝日本人差別〟の形で用いられているものだけでも184件あった。

政治に関連する語としては、〝政治〟（2,201件）、〝民主党〟（1,454件）、〝政府〟（1,314件）などが見られており、マスコミに関連する語としてはここでも〝報道〟（1,521件）の語が見られている。〝日本人〟を含む言説に特徴的であったのは、〝英語〟（3,338件）、〝言葉〟（1,868件）、〝文化〟（1,396件）、〝教育〟（1,319件）などの文化と教育に関する語であった。〝選手〟（1,732件）の語も多く見られているのは、ツイートを収集していた期間中の二〇一二年七月二十七日から八月十二日にかけて行われたロンドンオリンピックなどのスポーツの国際大会についての言及が多かったことによる。二〇一一年三月十一日の東日本大震災に伴う福島第一原発事故を受けての〝原発〟（2,159件）の語も多く見られた。〝デモ〟（1,348件）は、〝反原発デモ〟についての言及で用いられることも多かったが、他にも韓国・中国での〝反日デモ〟や前述の〝フジテレビデモ〟などへの言及も見られた。

コードに基づく分析（国・地域・民族）

頻出語リストにおいて様々な国への言及が見られたことから、〝日本人〟カテゴリに言及する際に、どのような国・地域・民族との対比を行ったり、どのような他者からの視線を意識したりしているかを

表 2.4.2　国・地域・民族コード

国・地域・民族	分類に用いられた単語
コリアン	韓国人，朝鮮人，在日，チョン，韓国，朝鮮，韓，朝鮮語，ハングル
中国	中国，中国人，中国語，シナ，支那，支那人，シナ人
アメリカ	アメリカ，アメリカ人，USA，米国，合衆国，米軍
イギリス	イギリス，英国，イギリス人
ドイツ	ドイツ，ドイツ人，独逸，独国，ドイツ語
フランス	フランス，フランス人，仏蘭西，仏国，フランス語
イタリア	イタリア，イタリア人，イタリア語
台湾	台湾，台湾人

明らかにするために、主要な国・地域・民族についてのコードを作成した。コードの作成は、出現語リストを参考に、〝日本人〟についての言説で実際に用いられている主要な語をすべて分類できるように行われた。分類に用いられた単語は表2・4・2に示した。

これらのコードに分類されたツイート数およびその比率を、表2・4・3に示す。

国・地域・民族の中では、コリアンがもっとも言及されやすく、〝日本人〟の語を含むツイートのおよそ8件に1件が〝コリアン〟のコードに分類された。次いで多かったのが中国への言及であるが、コリアンに言及するものの52％に留まった。

分類に用いられた八つの国・地域・民族のいずれか一つ以上に言及していたのは全体の22・74％であるが、その半数以上がコリアンについて言及したものであったことになる。

したがって、コリアンは、日本人というカテゴリが用いられるときに最も頻繁に参照される外集団であると言えよう。

表 2.4.3　国・地域・民族コード別出現ツイート数と出現率

コード	ツイート数	出現率（%）
コリアン	11,940	11.86
中国	6,235	6.19
アメリカ	4,074	4.05
イギリス	1,092	1.08
ドイツ	1,219	1.21
フランス	1,138	1.13
イタリア	899	0.89
台湾	809	0.80
コード無し	77,789	77.26

コード無しは，本表中に示したコードのいずれにも当てはまらなかったものを指す．

コードに基づく分析（頻出テーマ）

次に、研究1・2と同じコードを用い、出現ツイート数と出現率を計算したものを、表2・4・4に示す。研究1と同じコードを用いたのは、日本人についての言説と比較することを通じて、コリアンについての言説の特徴を明らかにするためである。〝古典的レイシズム〟〝現代的レイシズム〟などのコードに分類される単語は、日本人についてのみ用いられている場合には、レイシズムを表すものではない。しかし、それらのコードが日本人について用いられるよりもコリアンについて頻繁に用いられているのであれば、コリアンに対してレイシズムが存在することを明らかにすることができる。また、〝日本人〟の語を用いて抽出したツイートもコリアンに関する発言を多く含むことから、これらのツイートにおいても〝コリアン〟コードとレイシズムコードが共起しているかを検討することを通じて、日本人についての言説の特徴を明らかにすることができる。表2・4・4には、研究1のコリアンについての結果も同時に記載した。なお各コードの出現率の差はいずれも有意であるが、これまでの研究と同様、数値の差のみを議論することとする。

〝現代的レイシズム〟や〝古典的レイシズム〟はある程度見られ、このことはそれぞれのコードに分

表 2.4.4　コード別出現ツイート数と出現率

コード名	日本人関連ツイート		コリアン関連ツイート	
	ツイート数	出現率（%）	ツイート数	出現率（%）
コリアン	11,940	11.86	108,794	99.27
現代的レイシズム	2,582	2.56	13,365	12.20
古典的レイシズム	3,720	3.69	11,778	10.75
歴史問題	5,299	5.26	12,336	11.26
外交問題	2,320	2.30	4,920	4.49
マスコミ	5,121	5.09	9,922	9.05
政治	8,997	8.94	22,654	20.67
中国	6,235	6.19	9,851	8.99
反日系	2,323	2.31	8,280	7.56
真実系	2,373	2.36	8,964	8.18
侮辱語	2,796	2.78	5,523	5.04
2ちゃんねる	1,895	1.88	5,721	5.22
拡散呼びかけ	1,745	1.73	6,348	5.79
話題の共有	9,468	9.40	18,991	17.33
コード無し	61,248	60.83	246	0.22

*コード無しは，本表中に示したコードのいずれにも当てはまらなかったものを指す

類された単語がレイシズム以外の文脈でも見られる可能性を示している。しかし日本人関連ツイートにおけるそれらの比率は、コリアン関連ツイートにおけるそれらの比率に比べ、格段に小さかった。

他のいずれのコードでもコリアン関連ツイートにおける出現率の方が日本人関連ツイートにおける出現率よりも高く、研究1で作成したコードのいずれにも該当しないツイートの割合は、日本人関連ツイートでは60・83％にのぼった。〝コリアン〟のコードを除くと、この数値は64・39％に上昇し、コリアン関連ツイートでの35・83％を大きく上回る。このことから、研究1でコリアンに関する言説の特徴として挙げたものはまさしくコリアンについての言説に特徴的であったことが明らかになった。とはいえ、それらのコードは、日本人について

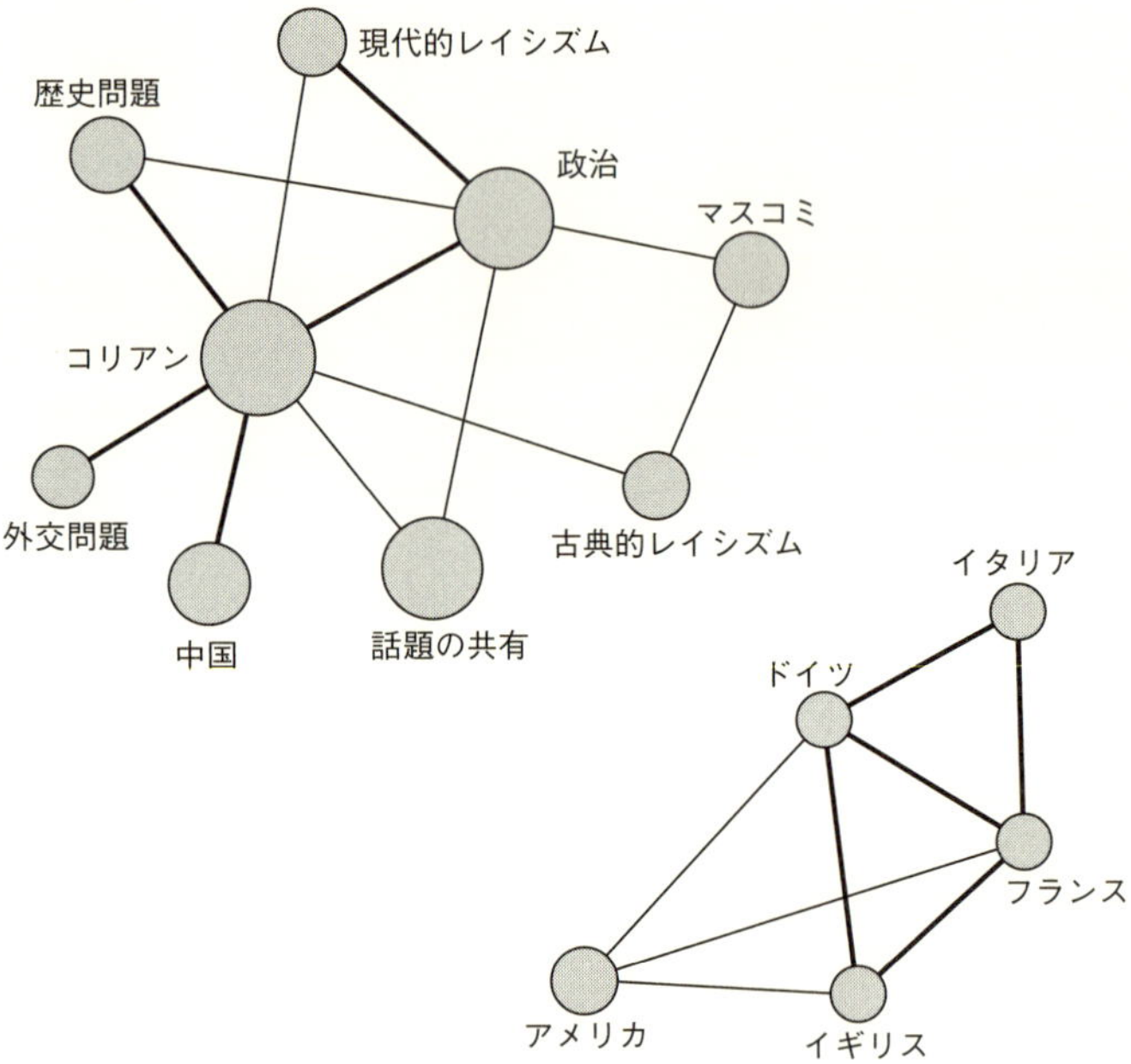

図 2.4.1　コードによる共起ネットワーク

のツイートでも一定量見られていた。

そこで、これらのコードが日本人についての言説ではどのように用いられていたかを、共起ネットワークを用いて分析する。国・地域・民族のコードも用いて、コード間の共起ネットワークを表したものが図2・4・1である。図の可読性を考慮してJaccard係数が上位20本のパスのみを図示した。Jaccard係数の閾値は.073であった。今回も、ツイート数の多いコードを大きな丸で（コード別のツイート数については表2・4・3および表2・4・4を参照のこと）、共起関係の強いパスを太い線で表しており、コード間の距離は意味を持たない。

研究1でコリアンについての言説として特徴的であるとしたコードは、日本人についてのツイートでも、〝コリアン〟

のコードを中心に組織化された。つまり、日本人についての言説でもこれらのコードが少なからず見られるのは、日本人についてのツイートの多くが同時にコリアンについても言及しているからであると考えられる。

他方、〝アメリカ〟〝イギリス〟〝ドイツ〟〝フランス〟〝イタリア〟のコードは別のクラスターを形成していたのだが、これは民族性ジョークの類が欧米諸国・民族を列挙していたためであると考えられる。

2―4―4　研究3のまとめ

研究3では、日本語でTwitterを使うユーザーにとっての内集団である日本人について言及したツイートを集め、分析を行った。

その結果、プレゼンスの高い少数のアカウントが占める比率は、コリアン関連ツイートの方が高いことが示された。

また計量テキスト分析の結果は、以下の三点を示している。まず、コリアンは、日本人が日本人という内集団カテゴリを利用するときに、最も頻繁に参照される外集団であると言える。次に、研究1でコリアンについてのツイートに特徴的であると指摘した各コードに分類されるものは、日本人についてのツイートでは比較的少なく、やはりコリアンについての言説の特徴としてもよいであろうと考えられる。最後に、これらのコリアンについて特徴的なコードに分類される投稿は日本人関連ツイートでも見られるのだが、それは日本人に言及するツイートの多くがコリアンにも同時に言及しているからであると言える。

2—5 第2章のまとめ

第2章では、Twitter上のツイートを収集して計量テキスト分析を行った三つの研究と一つの補足を掲載した。

コリアンは日本人にとって最も顕著な外集団であった（研究3）が、その言及され方にはいくつかの特徴があった。

まず、古典的レイシズムと現代的レイシズムに関する語は非常に頻繁に投稿に現れている（研究1）。これらを用いた投稿のほとんどは、単にレイシズムに関係しているというよりは、レイシズムを表明する側からの投稿であった（研究1補足）。同じくネガティブな外集団である中国人についての言説との違いを際立たせるのは、現代的レイシズムの出現率の高さであった（研究2）。古典的レイシズムと現代的レイシズムは共起しやすく（研究1）、それは主に、在日コリアンによる犯罪が通名を使用するという〝特権〟により隠されているとする言説によるものであった（研究1補足）。ただし、二つのレイシズムが投稿において共起しやすかったということは、二つのレイシズムが本当に別個の構成概念であるのかについて疑問を投げかけるものであり、この点は研究4、5に委ねられた。少なくとも、古典的レイシズムが現代的レイシズムに取って代わられたという見方は、研究1では支持されなかった。

コリアンについての言説では、マスコミへの不信と、同時に2ちゃんねる・2ちゃんねるまとめブログへの傾倒が見られた（研究1）。この傾向は中国人に対するものでもある程度見られるのだが、コリアンに対するものでの方がより顕著であった（研究2）。とくに歴史問題とコリアンの犯罪などに関する報道で、マスコミが真実を伝えていないと思われているようである（研究1）。

また、〝【拡散】〟などの文字列をつけたり、ハッシュタグをつけたりすることで、情報を〝拡散〟しようとする意図を明示的に伴ってなされるツイートも、コリアンに関するもので多く（研究1）、中国人についてのものや日本人についてのものでは、これを大きく下回った（研究2、3）。さらに、実際にリツイートされたものの比率も、コリアンについてのもので最も大きかった（研究1、2、3）。レイシズム関連ツイート、とくに現代的レイシズム関連ツイートでは、この傾向はさらに強かった（研究1補足）。

コリアンに関して〝拡散〟させたり〝共有〟したりしようとして投稿されるのは、現代的レイシズムに関するものや、政治と政治家に関わるもの、〝反日的な〟他者についてのもの、歴史問題に関わるもの、隠された真実を明らかにするというものなどであった（研究1）。

なお、第2章で行った研究はいずれもTwitter上の言説の分析であり、分析対象はインターネットユーザーに限定されている。したがって、新聞やテレビ、書籍において表される言説にも今回の研究と同様のことが言えるのかは、さらに検討の余地があるだろう。例えば、公的性質の強いメディアでは、露骨に差別的な古典的レイシズムが表明されることは少なく、より隠微な現代的レイシズムの方が比較的示されやすいということがあるかもしれない。また、インターネットを使わない者も含めたレイシズムの構造については、明らかではない。後者の点については、研究4以降で、一般の学生に対する質問紙調査を行うことで、明らかにすることを試みる。

注

（1）ユーザーが明示的に参加を許諾した場合にのみ分析対象とする仕組みを指す。TwitterやSNSで非公開に設定されている情報を得るためには、ユーザーが情報を取得されることを許諾する必要がある。本研究では、分析対象者には研究に参加するかしないかを選択する機会を与えていないのだが、Twitterのプライバシーポリシーは公開情報について第三者が収集し利用しうることを明示しており（Twitter Inc. 2012）、このプライバシーポリシーのもとで公開設定で投稿された情報のみを収集し分析しているため、倫理的問題はないと考えられる。

（2）この機能は、二〇一三年三月で廃止されたため、現在同じ方法でデータを収集することは不可能である。

（3）なお、データを収集した時期としては、二〇一二年八月十日に韓国の李明博大統領が竹島（独島）に上陸したことを受けて、官民両レベルにおいて日韓関係が冷え込んでいた時期である。また前年に韓国憲法裁判所が〝韓国政府が元慰安婦や原爆被爆者の個人請求権について日本政府と交渉しないのは憲法違反である〟との決定を行ったことについても、日韓政府が対立していた時期である（外務省北東アジア課 2013）。国内においては、朝鮮学校の高等学校無償化除外をめぐり議論がなされていた。また、二〇一二年十一月十六日に長らく支持率が低迷していた民主党の野田総理により衆議院が解散、十二月十六日に総選挙が行われ、韓国・朝鮮に対して強硬な態度を取る安倍総裁率いる自民党が圧倒的勝利を収めた。十二月二十六日に発足した自民党政権は、民主党政権時代から保留されてきた朝鮮学校の無償化について、適用しないことを即座に決定した（読売新聞 2012）。

（4）コリアンに対する蔑称であり、インターネット上で頻繁に用いられるものである。本章の各研究では差別語などの社会的に望ましくない用語も用いているが、研究の資料的価値を鑑み、編集は加えずにそのまま掲載した。

（5）この方法で取得対象となるのは、言語が日本語に設定されており（lang=ja）かつ何らかの文字列を含む（q=*）ツイートである。

（6）参考のため、Twitterユーザー一般の特徴を記す。二〇一三年三月における性別の分布は、男性58％、女性42％と、男性の方がやや多い。また、年齢分布は、10代12％、20代14％、30代20％、40代26％、50代以上29％となっている（関根 2013）。

（7）なお、取得期間中にハンドルネーム（半角・全角文字の両方が使用可能な、自由に変更可能な識別子）を変更した場合でも同一のアカウントとして扱うことができているが、期間中にTwitter ID（半角文字のみの、重複不可能な識別子）を変更したユーザーがいた場合、変更の前後で別個のアカウントとして扱われている。

（8）スパム行為などを理由に、アカウントの一時的な利用停止処分を受けること。

（9）本表において、以下のスラング・蔑称が記載されている。〝火病〟はネット・スラングで、コリアンに特有の精神疾患とされているもの。〝支那〟、〝シナ〟は中国の蔑称。〝基地外〟は〝気違い〟のネット・スラング、〝マジキチ〟は〝マジで気違いじみている〟を省略したネット・スラング。〝ニュー速〟、〝v速〟、〝嫌儲〟、〝鬼女〟は、それぞれ2ちゃんねるの、〝板〟と呼ばれる掲示板群の小分類の呼称。

（10）本書ではツイートの例をいくつか紹介するが、いずれも実在のツイートを参考に作成した架空の事例である。これは、公共性の低いユーザーのＩＤ等を差別的な発言の出典として記さなければならなくなるのを避けるための配慮による。

（11）前節では、こうした多数の投稿を行なっているユーザーのフォロワー数や使用クライアントについても分析を行なっている。しかし、本節の分析を行なったのはデータの取得を行なってから1年以上が経過した時点であり、これらのユーザーのフォロワー数や使用クライアントが大きく変化している可能性があるため、本節ではそうした分析は行わなかった。

（12）終戦直後にコリアンが〝朝鮮進駐軍〟を組織して日本人に対する略奪・暴行などを盛んに行ったとする都市伝説。

（13）時期としては、二〇一二年九月十一日の尖閣諸島国有化に前後して中国国内で激しい〝反日デモ〟が行われるなど（在中国日本国大使館 2012）、日中関係が冷え込んでいた時期である。

（14）リプライは、ツイート内に〝@（Twitter ID）〟を記入して投稿することで、フォロー関係に関わらず相手の画面に表示させることのできるツイート形式で、議論や会話などに用いられる。

（15）なお、中国人についての言説を詳細に分析するためにコーディング・ルールを修正して検討したものは、すでに論文として公刊済みである。関心のある方は巻末の「本論文と公刊されている論文の対応」をご覧頂きたい。

(16) ここでの〝マスコミ〟のコードは、個別のメディアに対する言及を分析するためではなく、総体としてのマスコミへの言及を分析するために用いられている。したがって、頻出語の分析で見られた〝MSN産経ニュース〟などを加える必要はない。

(17) 一般的なコミュニケーションにおいて〝日本人〟という言葉を用いたとき、その言葉が指す対象は必ずしも自明ではない。例えば、広く〝日本国籍者〟を指して〝日本人〟と呼ぶこともあれば、〝日本国籍で、かつ日本に民族的背景があるもの〟のみを指す場合もあるだろう。また、外国籍を取得した日本人が活躍したときには、日本国籍がないにもかかわらず〝日本人〟として言及されることがある。本研究では、〝日本人〟の定義に詳しく踏み込むことはせず、日本語のツイートにおいて〝日本人〟として言及される集団について検討する。

第3章　質問紙調査によるレイシズムの解明

第2章で示したように、インターネット上で日本語でなされるコリアンについての言説には古典的レイシズムと現代的レイシズム（McConahay, 1983, 1986）の強い影響がある。そこで、研究4・5では、この二つのレイシズムの基本的な性質についての分析を行う。

研究1〜3では、用いられる語により〝古典的レイシズム〟と〝現代的レイシズム〟の二つのコードを分類したのだが、二つのコードはしばしば共起していた（研究1）。したがって、この一つのレイシズムがそもそも異なる構成概念であるのか、それとも同一の構成概念とすべきものを誤って二つに分類したものに過ぎないのかが、明らかではない。

そこで、研究4、5において、質問紙調査を用いて基礎的な検討を行う。研究4では、複数の調査で取得されたサンプルを総合して確認的因子分析を行い、古典的レイシズムと現代的レイシズムについて二つの因子を仮定するべきかどうかを検討する。また、以後の研究で用いるための、レイシズムを測定するための尺度を確定する。研究5では、研究4で得られた尺度を用い、レイシズム尺度の予測的妥当性と弁別的妥当性を検討するとともに、レイシズムとして抽出されたものが単なる事実の反映（真実の欠片＝kernel of truth; Allport, 1954/1979）に過ぎないのか、それとも真にレイシズムと呼ぶべきものであるのかを明らかにする。また、これらのレイシズムが、海外でのレイシズムと同じ価値観によって規定されているかどうかも調べる。

3—1　研究4　レイシズムは二つに分けられるのか？

本節では、質問紙調査を用いて、古典的レイシズムと現代的レイシズムという二つのレイシズム概念を区別することが妥当かを検討する。また、今後の研究に用いる質問項目を決定する。

3—1—1　問題と目的

古典的レイシズムと、現代的レイシズム（McConahay, 1983, 1986）あるいは象徴的レイシズム（Kinder & Sears, 1981; Sears & Henry, 2003; Sears & Jessor, 1996; Tarman & Sears, 2008）とを区別する理論は、もともとアメリカでの黒人に対するレイシズムを解明するために発展した概念である。しかし、女性（Swim, Aikin, Hall, & Hunter, 1995）、同性愛者（Walls, 2008）など様々な対象についても同様の区別が可能であることから、本書では在日コリアンについても二つのレイシズムを分離できるのではないかと考えた。そして、古典的レイシズムと現代的レイシズムに関係していると思われる語が、コリアン関連ツイートでは実際に頻繁に用いられていることを示した。しかし、古典的レイシズムに関与すると思われる語と現代的レイシズムに関与すると思われる語は同時に用いられることも多く、二つのレイシズムが分離可能なものであるかは、明確にはならなかった。

そこで研究4では、古典的レイシズムと現代的レイシズムを区別することが妥当であるかどうかを、マコナヒー（McConahay, 1986）の古典的レイシズム尺度と現代的レイシズム尺度について確認的因子分析を行い、検討する。過去に取得した複数のサンプルを総合した比較的大きなサンプルを用いてこの検討を行う。

また、二種類のレイシズム尺度と平行して、在日コリアンに対する感情温度も測定した。感情温度計を用いて測定される感情温度は、特定の信念（ステレオタイプ）を強く反映する古典的レイシズム尺度や現代的レイシズム尺度に比べて、より純粋な好悪の態度を反映する指標として、様々な研究（e.g., Sears & Henry, 2003）で用いられてきたものである。本研究では感情温度を、(1)二つのレイシズム尺度の併存的妥当性を、感情温度と有意な相関があるか否かに基づいて検証する、(2)二つのレイシズムとの相関を比較することで、古典的レイシズムの方がより感情的側面が強く現代的レイシズムの方がより認知的側面が強いとする先行研究の指摘（McConahay, 1986）が在日コリアンについても成り立つかを検証する、という目的に用いる。

また、同じデータを用い、基本的なデモグラフィック変数の影響を検討する。一般に、女性の方がレイシズムが弱いこと（e.g., Johnson & Marini, 1998; Sidanius, Pratto, & Bobo, 1994）、年齢の高いほうがレイシズムが強いこと（e.g., Pettigrew & Meertens, 1995）が知られているが、在日コリアンに対するレイシズムの三指標（i.e., 古典的レイシズム、現代的レイシズム、感情温度）においても同じことが当てはまるかを検証する。

3―1―2　方法

二〇〇八年十月から二〇一一年一月にかけて、関東地方の五つの大学の一〇個のサンプルの大学生に対して、心理学の講義時間を用いて質問紙調査を実施した。この研究を含め第3章～第5章の研究において授業時間を用いた大学生サンプルのみを検討しているのは、在日コリアンに対するレイシズムのような繊細な問題を扱った場合、郵送法などによる調査では回答率が極端に低くなることが懸念されたため、科学研究に対して好意的な態度を持っていることが多い受講生を用いるのが無難であると考えられたためである（ただし本研究の質問紙調査でも、参加は強制ではなく協力しなかった場合にも不利益は生じないこと、回答中いつでも回答を放棄できることなどをあらかじめ教示し、強制にならないように十分に配慮した上で実施した）。また、要求特性による回答の歪みが生じることを避けるため、いずれの調査でも偏見・ステレオタイプなどを扱う講義や、著者の研究内容を紹介する講義よりも前に質問紙調査を行った。さらに、調査はいずれも匿名で行い、実施者にとって都合のよい回答をするインセンティブが出来る限り生じないように配慮した。

各サンプルの回答者の内訳と性質、質問紙を実施した状況は、表3・1・1に示した。サンプル6～8のみは二回の調査結果を照合するために回答者自身がIDを生成してフェイスシートに記入した（この二回の調査結果を用いた検討は、本書に掲載されていない他の研究に用いられた）が、このサンプルも含むすべてのサンプルの回答者は、匿名で回答を行った。サンプル3、6では、協力した場合に報酬として授業成績への加点を行ったが、このための記名用紙は質問紙本体とは別に回収された。また、回答者数が極端に少ないサンプル5も、授業担当者・調査実施者と、入力・分析を実施した者とが異なり、回答者を特定することはできないようにして実施された。回答者は合計で1,358名であるが、このうち国籍が日本であると回答し、レイシズム尺度に欠損値の無かった回答者1,274名のみを分析に用いた。有

表3.1.1　各サンプルの主要情報

サンプル	都道府県	実施時期	調査全体の所要時間	匿名性	報酬	回答者数	有効回答者数	有効回答の平均年齢
1	神奈川	2008年10月	約15分	完全に匿名	なし	173	167	19.3(1.2)
2	神奈川	2009年5月	約10分	完全に匿名	なし	176	161	18.8(1.2)
3	神奈川	2009年5月	約10分	完全に匿名	成績評価への加点	21	20	20.5(1.1)
4	埼玉	2009年6月	約10分	完全に匿名	なし	35	29	19.2(0.4)
5	東京	2009年7月	約10分	完全に匿名	なし	4	4	19.5(0.6)
6	東京	2010年5月	約30分	自己生成のIDを記入	成績評価への加点	206	198	18.4(1.0)
7	神奈川	2010年6月	約10分	自己生成のIDを記入	なし	337	323	18.9(1.2)
8	千葉	2010年12月	約30分	自己生成のIDを記入	なし	149	136	20.4(1.5)
9	埼玉	2011年1月	約30分	完全に匿名	なし	135	126	19.7(1.7)
10	埼玉	2011年1月	約30分	完全に匿名	なし	122	110	19.7(2.2)
計						1,358	1,274	19.2(1.5)

効な回答の性別は男性774名、女性495名、無回答5名と、性比はやや男性に偏っていた。平均年齢は19・2歳（SD=1.5）であった。

各サンプルの回答者が参加した調査はそれぞれ異なるものであるため、質問紙冊子は異なるものが用いられているのだが、いずれの調査も〝一般的な大学生の意見を調べるための調査〟であると説明した上で実施された（研究の真の目的は、回答終了後に、当該授業時間中あるいは後日の授業時間中に口頭で解説するか、配布資料もしくは著者ホームページを用いて解説した）。すべての調査において、最初の設問ではマコナヒー（McConahay, 1986）の古典的レイシズム尺度と現代的レイシズム尺度を在日コリアンについてのものになるように和訳し交互に配したものを用いた。ただしサンプル1のみ、前後に計四問の質問が加えられた（研究5参照）。続く設問で、在日コリアンに対する感情温度計に回答した。すべてのサンプルは先述の基本的な出題順を共有しており、各サンプルには質問紙冊子のページ数、所要時間や報酬などの面で異同はあるものの、そのことはレイシズムの因子構造を変化させるとは考えにくいことから、本研究の欠点とは言えないであろう。

古典的レイシズム尺度および現代的レイシズム尺度は、すべて〝在日朝鮮人〟の語を用いて質問した。ただし、質問冒頭に、〝在日朝鮮人・韓国人（以下〝在日朝鮮人〟と表記）[1]〟と、在日朝鮮人の語の指す範囲を明記した。典型的な設問は、古典的レイシズム尺度〝在日朝鮮人は、一般的に日本人ほど知的能力に優れていない〟、現代的レイシズム尺度〝在日朝鮮人は、平等の名の下に過剰な要求をしている〟などであった。回答者は各項目にどの程度賛同するかを、七段階で回答した。

感情温度計は、温度計を模した図（図3・1・1）の左端に〝好ましくない／つめたい〟、右端に〝好ましい／あたたかい〟を配し、〝在日朝鮮人・韓国人[2]に対するあなたの感情を温度計で表すと、どのようになりますか？　目盛りが指すと思われる位置に縦線を引いてください〟と問うものであった。温度計は質問紙冊子上で100 mmになるように印刷されており、左端から回答者の書き入れた線分までの距離を測定し、感情温度（0〜100）とした。

図 3.1.1　感情温度計

3―1―3　結果

マコナヒー（McConahay, 1986）に基づき、二つの潜在変数がそれぞれ七項目ずつに負荷するというモデルを仮定し、確認的因子分析を行った。分析にはAmos 18.0（SPSS, Inc.）を用いた。最尤法で分析を行い、レイシズム因子からの予測されたパスが有意でなかった二項目を削除したところ、採択可能なモデルを得ることができた（$\chi^2(53) = 308.4$, $p < .001$, GFI = .958, AGFI = .939, RMSEA = .062, AIC = 358.43, BIC = 487.18; カイ二乗検定の結果は有意であるが、一般にカイ二乗検定ではサンプルサイズが1000程度を超えると僅かな差でも有意になりやすく、モデルの検証には向かないため、GFIなどの他の適合度指標を参照した）。しかし、仮定した場合にモデルの適合度が改善するような誤差項間の共変動をすべて投入することで、各適合度指標に大幅な改善が見られた。（$\chi^2(33) = 27.3$, $p = .74$, GFI = .996, AGFI = .992, RMSEA = .000, AIC = 117.34, BIC = 349.09）。

このとき、二つのレイシズム因子の間には、先行研究（e.g. McConahay, 1986）と同様に比較的強い相関（$r = .73$, $p < .001$）が見られた。そこで、二因子モデルで最終的に用いら

表 3.1.2　各モデルの適合度

	自由度	χ^2	p	GFI	AGFI	RMSEA	AIC	BIC
二因子モデル	53	308.4	<.001	.958	.939	.062	358.43	487.18
二因子モデル（共変動投入）	33	27.3	.74	.996	.992	.000	117.34	349.09
一因子モデル	54	469.6	<.001	.937	.909	.078	517.58	641.18
一因子モデル（共変動投入）	30	24.0	.77	.997	.992	.000	119.98	367.17

れた項目すべてに単一の潜在変数が負荷する一因子モデルについても分析を行った。一因子モデルの場合にも、採択可能なモデルを得ることができた（$\chi^2(54) = 469.6, p < .001$, GFI = .937, AGFI = .909, RMSEA = .078, AIC = 517.58, BIC = 641.18）。また、二因子モデルと同様、誤差項間の共変動を認めたところ、各適合度指標に大幅な改善が見られた（$\chi^2(30) = 24.0, p = .77$, GFI = .997, AGFI = .992, RMSEA = .000, AIC = 119.98, BIC = 367.17）。

四つのモデル（二因子／一因子、共変動なし／共変動あり）の適合度を、表3・1・2に示す。共変動を投入するかしないかにかかわらず、ＡＩＣ、ＢＩＣともに二因子モデルのほうが優れたモデルであった。そこで、二因子モデル（共変動投入）を最終的に採択することとする。

この二因子モデル（共変動投入）における各因子から各項目へのパス係数を、表3・1・3に示す。

二つの因子が先行研究と同一の項目に負荷したのは、それぞれ六項目ずつであった。しかし、現代的レイシズム尺度の二項目については、現代的レイシズム因子からのパス係数が.3台と小さいため、尺度の安定性を考え、現代的レイシズム尺度得点の算出には用いないこととした。したがって最終的に用いられる項目は、古典的レイシズム尺度6項目、現代的レイシズム尺度4項目とし、それぞれの算術平均を尺度得点とすることとした。

表 3.1.3　二因子モデル（共変動投入）における各因子から各項目へのパス係数

項目番号・項目	第１因子 古典的 レイシズム	第二因子 現代的 レイシズム
O7：日本国内で日本人と在日朝鮮人との法的平等を認めようとするのは，間違いだ	.74	—
O4：在日朝鮮人の居住の自由を認める法には，反対だ	.73	—
O5：在日朝鮮人と日本人が結婚するのは，不幸なことだ	.56	—
O6：在日朝鮮人に隣に住まれると，自分と同程度の収入・学歴があったとしても，かなり気にかかる	.51	—
O1；在日朝鮮人は，一般的に日本人ほど知的能力に優れていない	.45	—
O2：持ち主が在日朝鮮人には家屋を提供したいと思ってないときでも在日朝鮮人が家屋を借りたり買ったり出来るようにするための法には，賛成である（R）	.42	—
M4：在日朝鮮人は，平等の名の下に過剰な要求をしている	—	.81
M6：在日朝鮮人達はすでに，不当に高い経済的地位を得ている	—	.68
M3：在日朝鮮人は，教育における差別の解消を求めると称して，不当に強い要求をしてきた	—	.55
M7：政府やマスコミは在日朝鮮人に対して過度な配慮をしている	—	.50
M1；在日朝鮮人に対する差別は、もはやたいした問題ではない	—	.33
M2：在日朝鮮人が現状を不満に思うのももっともだ（R）	—	.32
O3：一般的に言って，異民族・人種の完全な統合が望ましい（R）	—	—
M5：在日朝鮮人は，その場に自分がふさわしいか配慮して控えめに振舞うべきだ	—	—
第一因子との相関	—	.73

R は逆転項目．　　McConahay 1986, 108 の Table 4 より．

表 3.1.4　各サンプルにおけるクロンバックのα

	1	2	6	7	8	9	10	総合（サンプル 3〜5 を含む）
有効回答	167	161	198	323	136	126	110	1274
古典的レイシズム	.81	.78	.69	.75	.82	.59	.73	.76
現代的レイシズム	.69	.67	.72	.69	.76	.67	.76	.71

次に、サンプルサイズが一〇〇を超えるサンプルについて、これらの項目を用いてクロンバックのαを算出し、表3・1・4に示した。サンプル9において古典的レイシズムの信頼性が低かった他は、いずれのサンプルでも実用に耐える値を示している[3]。

尺度得点の平均値は、古典的レイシズム尺度では $M = 3.0$, $SD = 1.1$ となり、現代的レイシズム尺度では $M = 3.7$, $SD = 1.0$ となった。両尺度間の差は有意であり（$t(1273) = 25.48, p < .001$）、現代的レイシズムの方が得点が高かった[4]。

感情温度との相関は、古典的レイシズムでは $r = -.60$（$p < .001$）、現代的レイシズムでは $r = -.43$（$p < .001$）でともに中程度の負の相関[5]であったが、比較すると古典的レイシズムの方が感情温度計との相関は強かった（$t(1271) = 8.09, p < .001$）。

最後に、レイシズムの各指標に対する性別と年齢の効果を検討する。性差に関しては、感情温度、古典的レイシズム尺度、現代的レイシズム尺度のいずれでも等分散性の Levene の検定が有意であり男性の方が分散が大きかった（$Fs \geqq 6.35$, $ps \leqq .05$）ため、等分散性を仮定しない t 検定を行った。感情温度では、男性 $M = 48.9$, $SD = 23.0$ に対して女性 $M = 56.3$, $SD = 19.4$ であり、女性の方が有意に好意的であった（$t(1165.25) = 6.17, p <$

.001）。古典的レイシズムでは男性 $M = 3.1, SD = 1.2$ に対して女性 $M = 2.7, SD = 1.0$ であり女性の方がレイシズムが弱かった（$t(1204.39) = 7.44, p < .001$）。現代的レイシズムでも、男性 $M = 3.8, SD = 1.1$ に対して女性 $M = 3.5, SD = 0.9$ であり、やはり女性の方が弱かった（$t(1185.29) = 5.81, p < .001$）、したがって、いずれの指標でも女性の方がレイシズムが弱かったことが示された。

また本研究は大学生サンプルのみを用いて行っているため、年齢は若者に偏っており、分散も小さいのだが、こうしたサンプルを用いても年齢の効果が検出されるかを確かめるために、年齢との相関も検討した。感情温度では $r = -.06, p < .05$、古典的レイシズムでは $r = .05, p = .11$、現代的レイシズムでは $r = .07, p < .05$、と、感情温度と現代的レイシズムの二つの指標において、わずかながらも年齢が高いほどレイシズムが強いという結果が得られた。

3―1―4　考察

本研究では、複数のサンプルを総合し、在日コリアンに対する古典的レイシズム尺度と現代的レイシズム尺度の確認的因子分析を行った。その結果、少なくとも学生においては、先行研究（McConahay, 1986）と同様、古典的レイシズムと現代的レイシズムが区別可能であることが明らかになった。ただし、1因子を仮定した場合でも採択可能なモデルが得られたこと、因子間の相関が比較的高かったことから、2因子を仮定する合理性にはなおも疑問が残る。そこで、研究5において古典的レイシズム尺度と現代的レイシズム尺度の弁別的妥当性について検討する。

また、現代的レイシズムにおいては、項目1〝在日朝鮮人に対する差別は、もはやたいした問題ではない〟および項目2〝在日朝鮮人が現状を不満に思うのはもっともだ（逆転項目）〟への因子負荷量は比較的小さかった。一方で、負荷量の大きかった項目はいずれも在日コリアンの要求や地位を過剰なものだとする項目であった。このことから考えると、在日コリアンに対する現代的レイシズムでは、アメリカでの黒人に対するものと比べて、差別がすでに存在しないと否認する傾向の比重は小さく、差別が存在することをある程度認めつつも、在日コリアンの権利要求は過剰なものとして退けるようなものであるのかもしれない。この点に関して、ターマンとシアーズ（Tarman & Sears, 2008）は、象徴的レイシズム（現代的レイシズム）尺度の中に、二つのサブスケールが存在する可能性を考慮している。一つは、〝支配的イデオロギー（dominant ideology）〟・サブスケールであり、差別の否認と黒人の怠慢についての項目による。もう一つは〝政治的憤り（political resentment）〟・サブスケールであり、〝過剰な要求〟と〝不当な特権〟に関する項目による。アメリカにおける黒人に対するレイシズムの場合にはこの二つの下位項目を区別することは妥当ではなかったのだが、在日コリアンについてのレイシズムの場合には後者のサブスケールの項目の負荷のみが高かったことを考えると、この点に黒人に対するレイシズムと在日コリアンに対するレイシズムの違いが存在するのかもしれない。これは、法律によって黒人に対する差別が禁止されているということが周知されているアメリカと、在日コリアンに対する差別はたとえ差別であっても外国人に対するものである以上正当化されると考える人も多い日本との違いを反映しているのかもしれない。つまり、日本では差別の存在を否認しようという動機があまり生じないためであるかもしれない。

本研究では、この分析で得られた二種類のレイシズム尺度を用いて、他の基礎的な検討も行っている。

まず、古典的レイシズム尺度得点と現代的レイシズム尺度得点を比べると、現代的レイシズム尺度得点の方が高かった。これは、現代的レイシズムの方が、古典的レイシズムに比べて、受容ないし表出が容易であることを示しているのかもしれない。マコナヒー（McConahay, 1986）は、差別の存在の否認、努力不足への帰属、黒人の要求を過剰なものとみなすこと、不当な特権を得ていると非難することという現代的レイシズムの構成要素に加えて、以下の特徴を指摘している。その特徴とは〝レイシズムは悪いことだが、レイシズムというのは黒人の知能その他の特性についての偏見を持つことと、人種分離や差別政策を支持することであって、単なる事実の摘示はレイシズムではない〟、という認知があり、したがって現代的レイシズムの持ち主は自身をレイシストだとは考えないというものである。本研究は、現代的レイシズムがこのような〝免罪符〟の効果により受容・表出されやすいことを直接示したものではないが、現代的レイシズムの方が強く示されるということは、指摘しておく必要がある。なお、現代的レイシズムが単なる事実の摘示に留まらないことは、研究5において示す。

また、二つのレイシズムを測定する尺度はともに感情温度との間に中程度の相関を持つことから、併存的妥当性が示された。ただし、その相関は古典的レイシズムにおいてより強く、古典的レイシズムの方が感情の比重が大きく現代的レイシズムの方が認知的要素の比重が大きいとしたマコナヒー（McConahay, 1986）の分析は、在日コリアンに対するレイシズムでも確かめられたことになる。

次に性差であるが、すべての指標において男性の方がネガティブな方に偏っていた。これは、ジョンソンとマリーニ（Johnson & Marini, 1998）、シダニウスら（Sidanius et al., 1994）などの先行研究と一致している。理由としては、女性のほうが社会における不平等を是認する保守的イデオロギーである社会支配指向（Social Dominance Orientation; Pratto, Sidanius, Stallworth, & Malle, 1994）が弱いこと、女性はレイシズムと類似した内容のセクシズムの対象となる（Swim et al., 1995）ことから在日コリアンに共感しやすいことなどが考えられる。前者の可能性については、研究6で検討を行う。また、分散については男性の方が大きかった。したがって男性の方が在日コリアンに対してネガティブだが個人差も大きいことになる。この点については、本研究からは理由は明らかではなく、今後の検討が必要である。

最後に年齢であるが、本研究のサンプルは大学生に限定したもので、ほとんどの学生が18～22歳の範囲に収まるにもかかわらず、感情温度および現代的レイシズムに対しては、有意な効果があった。一般に教育歴はレイシズムに対して負の効果を、年齢は正の効果を示す（e.g.,Pettigrew & Meertens, 1995）のだが、サンプルを大学生に限定した場合には、年齢の効果の方が（年齢が高い回答者の方が学年が高いことが多く、したがって大学で教育を受けた時間が長いことが多いという）年齢に付随する教育歴の効果を上回ったことになる。ただし効果はわずかなものであった。いずれにせよ、これが加齢そのものの効果なのか、より高齢で大学に在籍することに繋がるような何らかのパーソナリティや認知的特性、年齢以外のデモグラフィック変数の影響によるものなのかは、今後検討の余地がある。

3―2　研究5　二つの〝レイシズム〟は〝二つのレイシズム〟か？

本節では、前節で作成した二つのレイシズム尺度を用い、三つの基礎的な分析を行う。

一つ目は、二つのレイシズムを区別して扱うことが妥当であるかについてのものである。

二つ目は、〝レイシズム〟と名付けられた二つの概念が単なる事実の反映ではなく、在日コリアンに対する一貫したネガティブな態度・信念を引き起こす〝レイシズム〟と呼ぶべきものかについてのものである。加えて三つ目として、二種類の価値観の影響を検討する。

3―2―1　問題と目的

研究4では、黒人に対するレイシズムを分析する枠組みとして提案された古典的レイシズムと現代的レイシズムの区別（Kinder & Sears, 1981; McConahay, 1983, 1986）が、日本における在日コリアンへのレイシズムにおいても可能であることを示した。

しかしながら、それらについてさらに検討を進める前に、以下の三つの問題について明らかにしておく必要がある。

一つ目は、確認的因子分析で異なる因子とされた二つのレイシズムが、実際にそれらのレイシズムが予測すると考えられるものを予測するかという予測的妥当性と、それぞれ理論的に予測される異なる効果を持つかという弁別的妥当性の問題である。研究4では2因子モデルの方が1因子モデルよりも比較的優れていることが示されたが、倹約性に欠ける2因子モデルを積極的に採用するには、弁別的妥当性を検討する必要があると思われた。こららの問題に答えるために、本研究ではやや単純な判断である、在日コリアンの社会的役割の認知をレイシズムが歪める効果が予測通りに得られるかを検証する。そのために日本における様々な職業等における在日コリアンの人数の推定課題を用い、古典的・現代的レイシズムが人数の推定に与える影響を検討する。用いられた職業等は、医者、法律家、焼肉店経営者、パチンコ店経営者、〝ヤクザ〟、生活保護受給者、の六つである。医者と法律家は、代表的な知的職業である。また、焼肉店およびパチンコ店は、在日コリアンが経営する代表的な業種であり（仲尾 1977）、それらの経営者をステレオタイプ的な経済的成功者として用いた。これらについて、日本において千人のうち何人を在日コリアンが占めるかを推定させた。

古典的レイシズムの持ち主は、在日コリアンは知的に、また道徳的に劣っていると考えるため、医者と法律家に占める在日コリアンの割合を少なく、〝ヤクザ〟に占める割合を多く見積もると考えられる。一方、現代的レイシズムの持ち主は、在日コリアンは経済的に優遇されており、同時に福祉などの面で特権を得ていると考えるので、経済的成功者に占める割合も生活保護受給者に占める割合も、多く見積もるであろう。経済的成功者は、ステレオタイプ的な経済的成功者の他に、知的労働者も含みうるが、この両方に影響するのか、それとも前者のみに影響するのかも明らかにする。

二つ目の問題は、コリアンに対する〝レイシズム〟が、実際に〝レイシズム〟と呼ぶべき存在であるかというものである。偏見の根底にあるステレオタイプが、単に事実の反映である可能性は、しばしば議論の対象となる（kernel of truth; Allport, 1954/1979）。したがって、研究4で示された〝レイシズム〟が、単なる事実の認知によるものなのか、それとも在日コリアンに対するネガティブな認知を一貫してもたらすような要素なのかを、明らかにする必要がある。

本研究ではこのために、偏見はマイノリティに対する矛盾する不満を同時に強めることがあるというオルポート（Allport, 1954/1979）の知見が、在日コリアンに対する古典的レイシズムと現代的レイシズムにもあてはまるかを明らかにする。オルポートは、アドルノら（Adorno, Frenkel-Brunswik, Levinson,

& Sanford, 1950）を引用し、レイシズムの持ち主は、たとえ相互に矛盾しているものであっても、その否定的態度と整合するような信念・態度を、同時に肯定することがあるとしている。例えばユダヤ人はアメリカにおいてレイシズムの対象となりやすいマイノリティだが、偏見の持ち主は、ユダヤ人はアメリカの文化に溶け込もうとせずに独自の文化を維持している分離主義者であるとして非難すると同時に、ユダヤ人はアメリカに溶け込もうとしている侵入者であるとして非難することがあるという。これは、ユダヤ人がアメリカの文化に溶け込もうとしても、溶け込まずにいても不満を持たれるという状態を意味する。在日コリアンに対するレイシズムが、このような相互に矛盾する不満をともに強める働きがあるのならば、それは単なる事実の認知によるものではなく、一貫して在日コリアンに対するネガティブな見方をもたらすものであることが明らかになり、〝レイシズム〟として検討する意義が担保されるであろう。

この分析を行うために、本研究では二組の矛盾する不満を扱う。一組は、在日コリアンが日本に同化しようとすることへの不満と、同化しようとしないことへの不満である。これには、古典的レイシズムが関わると考えられる。すなわち、古典的レイシズムの持ち主は、在日コリアンが自分たちの内集団に同化しようとすることに対して自分たちの内集団が侵されるという不満を抱く（同化への不満）と同時に、劣った外集団である在日コリアン集団が独自のアイデンティティを抱いたまま日本に存続することに対しても、不満を抱くであろう（非同化への不満）。

もう一組は、在日コリアンが就労することへの不満と、就労しないことへの不満である。これには、現代的レイシズムが関わっていると考えられる。現代的レイシズムの持ち主は、在日コリアンが経済的に優遇されており日本人にとっての脅威になっていると考えているため、彼らが就労することを脅威と捉え不満を抱く（就労への不満）と同時に、在日コリアンは福祉などの面で不当な特権を得ていると思っているため、就労せずに社会福祉に依存することに対しても不満を抱くであろう（不就労への不満）。

本研究が扱う三つ目の問題は、古典的レイシズムと現代的レイシズムが、海外でのそれと同じ価値観によって予測されるかについてである。レイシズムの指標には、顕在的なものに限っても様々なものがある（e.g., Katz & Hass, 1988; McConahay, 1986; Pettigrew & Meertens, 1995）のだが、いずれにしても保守的な価値観・イデオロギーや平等主義的な価値観・イデオロギーによってある程度規定されることが示されている（e.g., Altemeyer, 1996; Duckitt, 2001; Katz & Hass, 1988; Pratto et al., 1994）。そこで、アメリカで古典的レイシズム・現代的レイシズムを予測すると明らかにされている要因が在日コリアンに対するものも予測することを示し、それらのレイシズムが対象に関わらず類似点を持つことを示す。

このために、本研究では、保守的価値観の一つであるプロテスタント的労働倫理（Protestant Work Ethic: Mirels & Garrett, 1971）と、平等主義的な価値観である人道主義—平等主義（Humanitarianism-Egalitarianism; Katz & Hass, 1988）の二つを用いる。プロテスタント的労働倫理は、勤労と節制、自助を重んじる価値観である。その資本主義の成立における重要性を初めて指摘したのはヴェーバー（Weber, 1905/1920, 大塚久雄訳 1980）であるが、ミレルズとギャレット（Mirels & Garrett, 1971）がその測定尺度を作成した後、様々な価値観や政治的態度（e.g., Feather, 1984）、行動（e.g., Greenberg, 1978）との関連が明らかにされてきた。この価値観はしばしば個人主義的な価値観の代表として言及されるものであり、マコナヒーやシアーズの理論においては、黒人がこの価値観に抵触しているとみなされることが、現代的レイシズムの基盤であるとされている（Kinder & Sears, 1981; McConahay & Hough, 1976）。

プロテスタント的労働倫理は、本来その名の通りプロテスタント文化の独自性を明らかにするために作られた概念である（Weber, 1905/1920, 大塚久雄訳 1980）。しかしながらヴェーバーが、資本主義の成立にプロテスタントの信仰が重要な貢献をしたにせよ、一度成立した資本主義の精神（プロテスタント的労働倫理）はプロテスタントの信仰から遊離して存在しうると述べていることから考えると、プロテスタントがほとんどいないが資本主義国である日本においても、この価値観は機能している可能性がある。実際、価値観の指標としてのプロテスタント的労働倫理尺度（Katz & Hass, 1988; Mirels & Garrett, 1971）は宗教的信念を問う質問を含まないし、台湾人大学生を回答者としてプロテスタント的労働倫理について検討したマー（Ma, 1986）は、プロテスタント的労働倫理尺度は台湾でも十分な信頼性を保っており、また個人の信仰と尺度得点の関連は見いだせないことを示している。また、ファーナムらは、日本も含む様々な国のプロテスタント的労働倫理の比較研究を行っており（e.g., Furnham & Reilly, 1991; Furnham et al., 1993）、一般的にいってミレルズとギャレットのプロテスタント的労働倫理尺度は十分な信頼性を示すことを明らかにしている（ただしFurnhamらの研究においては、信頼性は国別には算出されていない）。

このプロテスタント的労働倫理はレイシズムを強める方向に働くのだが（Katz & Hass, 1988）、古典的レイシズム／現代的レイシズムに関する直接の検討はスイムら（Swim et al., 1995）が行っている。この研究においては、プロテスタント的労働倫理は現代的レイシズムだけでなく古典的レイシズムも強める効果があった。その理由として、現代的レイシズムにおいては、このレイシズムがネガティブな感情と黒人が自助、節制、勤労などの倫理に抵触しているという認知との混合物である（Kinder & Sears, 1981; McConahay & Hough, 1976）ためと考えられるのだが、古典的レイシズムにおいては、プロテスタント的労働倫理が強いほど黒人の不利な状況を彼ら自身の劣等性に帰属しやすいことが関わっているのではないかと考えられる。

一方、人道主義─平等主義は、プロテスタント的労働倫理とは独立した、支えあいと平等を尊ぶ価値観である（Katz & Hass, 1988）が、この価値観が普遍性を帯びていることは、プロテスタント的労働倫理よりも理解しやすいであろう。人道主義─平等主義は、マイノリティへの共感を促進するため、偏見を弱める方向に働くことが示されており（Katz & Hass, 1988）、古典的レイシズム／現代的レイシズムに対しても負の影響を持つことが示されている（Swim et al., 1995）。

以上のように本研究では、在日コリアンに対するレイシズムと黒人に対するものの類似点を明らかにするために、プロテスタント的労働倫理が二つのレイシズムに対して正の、人道主義─平等主義が二つのレイシズムに対して負の、効果を持つというスイムらの知見が在日コリアンに対するレイシズムにおいても当てはまるかを検証する。

古典的レイシズム／現代的レイシズムに加えて、本研究では、感情温度も測定している。これは二つの価値観が感情的側面に影響するのか、認知的側面に影響するのかを明らかにするためである。研究4で示したように、三つのレイシズムの指標は、感情的要素の比重が大きい（認知的要素の比重が小さい）ものから順に、感情温度、古典的レイシズム、現代的レイシズムの順であり、そのどれが価値観に影響され、どれが価値観に影響されないのかを検討することにより、この点を明らかにする。

3―2―2　方法

研究4のサンプル1（二〇〇八年十月）を用いた。回答者は173名であり、授業時間を用いた調査に匿名で参加した。性比は男性の方が多く（男性122名、女性48名、無回答3名）、平均年齢は19・3歳（SD＝1.2）であった。

質問紙は五つのセクションからなっていた。質問1は古典的レイシズム尺度と現代的レイシズム尺度計14項目を交互に配したものを用いたのだが、その前後に二項目ずつ、在日コリアンに対する矛盾する不満についての項目を設けた。同化と非同化についての不満として、〝在日朝鮮人があたかも日本人であるかのように振る舞うのは、好ましくないことだ〟（項目17）、〝在日朝鮮人の問題点は、日本社会に溶け込もうとしないことだ〟（項目1）の二つを用い、就労と不就労についての不満として〝在日朝鮮人が日本で就労すると、日本人の仕事が奪われるので、問題だ〟（項目2）、〝在日朝鮮人は、働かずに生活保護を受給することが多いのが問題だ〟（項目18）の二つを用いた。二つの組を質問1の前後に分割したのは、矛盾する質問同士をできるだけ離して配置することで、回答者が矛盾に気づきにくくするためであった。回答者はそれぞれの項目にどの程度賛成／反対するかを七段階で回答した。

質問2の感情温度計については、研究4で示した通りである。

質問3では、人数推定課題を行った。医者、法律家、焼肉店経営者、パチンコ店経営者、〝ヤクザ〟、生活保護受給者の六つの職業等について、〝日本において、1000人の医者のうち、□□□□人が在日朝鮮人だ〟のような文章を完成させる課題を行った。

質問4では、プロテスタント的労働倫理尺度（Mirels & Garrett, 1971をKatz & Hass, 1988が短縮したもの）11項目および人道主義―平等主義尺度（Katz & Hass, 1988）をそれぞれ日本語訳したものをこの順で示し、どの程度賛成／反対するかを7件法で問うた。用いられた項目は、表3・2・1に示した。最後に、年齢、性別、国籍（"日本国籍"を選択肢に持つ選択式）、信仰する宗教（プロテスタント諸派／プロテスタント以外のキリスト教／キリスト教以外の宗教／無宗教）を問うた。

回答者は後日、配布資料を用いて、研究の目的について説明を受けた。

3―2―3　結果

日本人と回答しなかった3名を除外し、残りの170名を分析対象とした。構造方程式分析を行う際には、さらに欠損値のある回答者を分析ごとに除外している。

古典的レイシズム尺度・現代的レイシズム尺度については、研究4の確認的因子分析の結果に基づき、測定した14項目のうち計10項目のみを用い、それぞれレイシズム尺度得点とした。平均値等は、古典的レイシズム（α = .81, *M* = 3.2, *SD* = 1.2）、現代的レイシズム（α = .70, *M* = 3.8, *SD* = 1.1）、感情温度（*M* = 46.3, *SD* = 22.9）であった(6)。なお、感情温度のみ、さらに1名に欠損値があった。

予測的妥当性と弁別的妥当性（人数推定課題）

古典的レイシズムと現代的レイシズムが、日本における様々な職業等の人口1000人に占める在日コリアンの人数の推定に対して理論的に予測された影響をもたらすかを検証した。研究8で述べるように、

表 3.2.1　日本語版プロテスタント的労働倫理尺度と人道主義—平等主義尺度

プロテスタント的労働倫理尺度
大半の人々が，無益な娯楽に時間を費やしすぎている
人々が余暇の時間を減らせば，世の中はもっと良くなる
容易に手に入れたお金は，無駄に消費されるものだ
人生において成功しない人のほとんどは，単に怠けているだけだ
熱心に働く意欲と能力がある人は誰でも，成功する機会が十分ある
仕事で失敗する人は，たいていは努力が足りていない
苦難のない人生に意味はない
楽しくない仕事を熱心に行うことができる人は，成功するものだ
十分に真面目に働けば，幸せな人生を自ら勝ち取ることができるものだ
自分がするべき仕事がないと，落ち着かない
熱心に働くことを嫌うのは，大抵は性格上の問題によるものである
人道主義—平等主義尺度
人はすべての他者に対して親切であるべきだ
人は自分よりも幸福でない人を助ける方法を見つけるべきだ
人は他者の幸福を気にかけるべきだ
我々は皆人類なので，皆が平等であるべきだ
基本的な欲求を満たせない人が，他者から助けられるべきだ
よい社会とは，人々がお互いに対して責任があると感じるような社会だ
たいていのことについて，皆が平等な機会と平等な発言権を有するべきだ
コミュニティの他のメンバーの権利や関心を守るために行動するのは，すべての人々にとって重要な義務である
法廷は，犯罪者を裁くに当たって，その多くが環境の犠牲者であることを考慮するべきだ
繁栄している国は，そうでない国と富を分かち合う道徳的義務がある

Katz & Hass 1988, 905 より．

大部分の回答者は在日コリアンの知人を持たないと考えられるため、在日コリアンについての知識がレイシズムを規定するモデルよりも、レイシズムが在日コリアンについての判断を規定するモデルのほうが妥当であると考えた。分析は、人数推定課題に欠損値のある3名を除外し、167名を対象とした。

人数推定課題の平均値、標準偏差および中央値は、医者（M = 44.4, SD = 75.5, Me =

10）、法律家（M = 36.7, SD = 63.5, Me = 10）、焼肉店経営者（M = 177.1, SD = 190.4, Me = 100）、パチンコ店経営者（M = 142.7, SD = 197.5, Me = 50）、生活保護受給者（M = 180.8, SD = 178.4, Me = 100）[7]、〝ヤクザ〟（M = 127.4, SD = 162.8, Me = 60）であった。このうち、医者と法律家（r = .81, $p < .001$）、焼肉店経営者とパチンコ店経営者（r = .66, $p < .001$）は予測された通り高い相関を示したので、それぞれの算術平均を知的労働者、ステレオタイプ的な経済的成功者の指標とした[8]。また、各指標の分布は正規分布から外れていたため、対数変換（log10［x+1］）したものを以降の分析に用いた。

古典的レイシズム、現代的レイシズム、各人数推定課題を用いた構造方程式分析を行った。仮定されたモデルは、(1)古典的レイシズムと現代的レイシズムに相関があり（研究4より）、(2)古典的レイシズムが知的労働者と〝ヤクザ〟における人数の推定に、現代的レイシズムがステレオタイプ的な経済的成功者と生活保護受給者における人数の推定に影響を及ぼす、というモデルであった。

最尤法で分析を行ったところ、採択可能なモデルが得られなかった（$\chi^2(10) = 276.8, p < .001$, GFI = .601, AGFI = .162, RMSEA = .401）。そこで、すべての誤差項間の共変動（これらは、日本の人口に占める在日コリアンの母比率の推定に関わるものと解釈可能である。つまり、日本における在日コリアンの人数を多く見積もっているほど、すべての推定値が大きくなるということを反映していると考えられる）を認めたところ、すべてのパスが有意となり、採択可能なモデルが得られた（$\chi^2(4) = 4.0, p > .41$, GFI = .992, AGFI = .959, RMSEA = .000）。このときの結果を、図3・2・1に示す。

理論上予測された通り、古典的レイシズムは知的労働者の人数推定に負の、〝ヤクザ〟の人数推定に正の効果を持った一方、現代的レイシズムは経済的成功者と生活保護受給者に正の効果を持った。

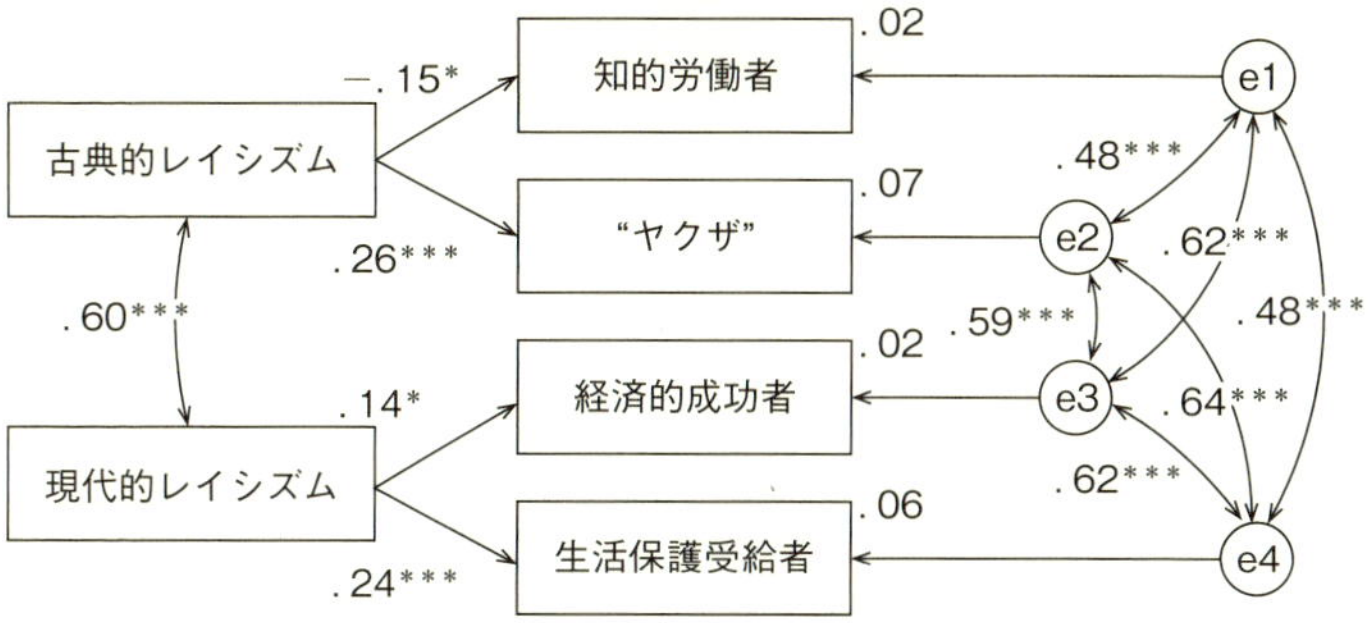

図 3.2.1　レイシズムと人数推定課題

* $p < .05$, *** $p < .001$
e は誤差項

矛盾する不満

レイシズムが矛盾する不満をともに強める働きをするかを検討した。

不満項目に欠損値のある1名を除外し，169名を分析対象とした。

まず，同化への不満（$M = 3.6, SD = 1.9$）と非同化への不満（$M = 3.7, SD = 1.5$）の間の相関（$r = .38, p < .001$），就労への不満（$M = 3.5, SD = 1.8$）と不就労への不満（$M = 4.6, SD = 1.5$）の間の相関（$r = .36, p < .001$）は，それぞれ有意であった。

次に，レイシズムおよび不満項目を用いた構造方程式分析を行った。仮定されたモデルは，古典的レイシズムと現代的レイシズムに正の相関があり，古典的レイシズムは同化への不満と非同化への不満に，現代的レイシズムは就労への不満と不就労への不満に，それぞれ影響を及ぼすというモデルである。最尤法で分析を行ったところ，採択可能なモデルではなかった（$\chi^2(10) = 45.1, p < .001$, GFI = .914, AGFI = .819, RMSEA = .112）。そこで，修正指数の高かった古典的レイシズムから就労への不満と不就労への不満

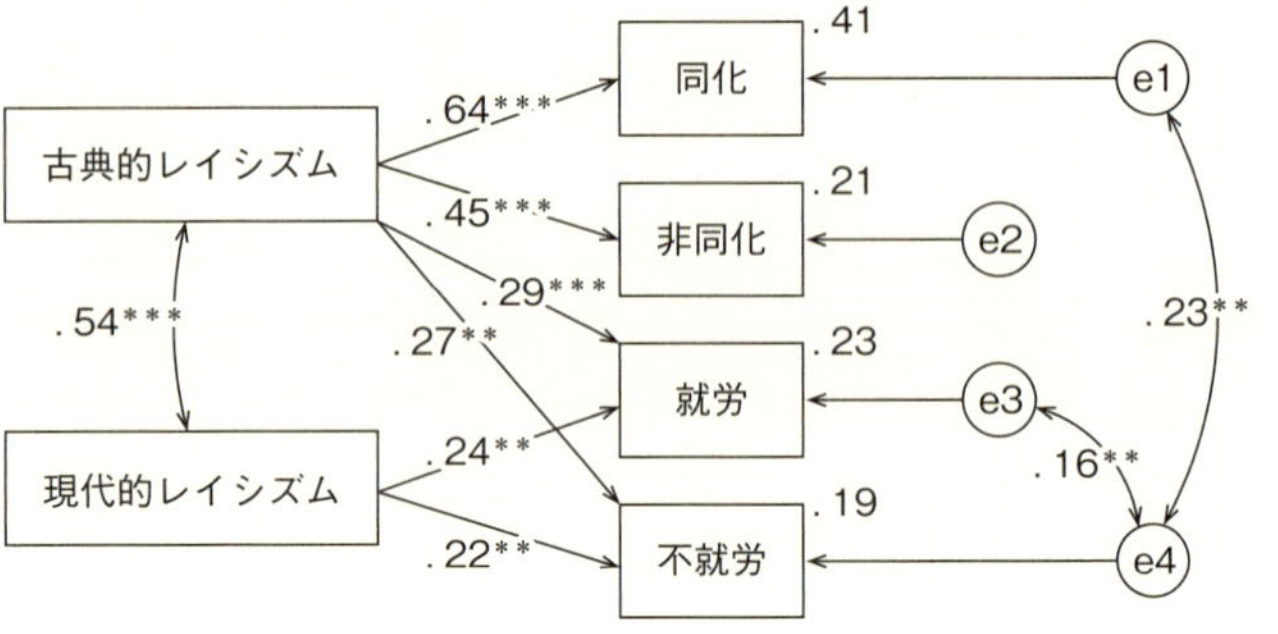

図 3.2.2　レイシズムと矛盾する不満

$^{*}p < .05$, $^{**}p < .01$, $^{***}p < .001$
e は誤差項

へのパス、就労への不満と不就労への不満の誤差項間の共変動および同化への不満と不就労への不満の誤差項間の共変動（これらの共変動は、在日コリアンが日本人と同じ権利を主張することへの反感に関わるものとして解釈可能である）を認めたところ、採択可能なモデルが得られた（$\chi^2(6) = 9.2, p > .162$, GFI = .981, AGFI = .934, RMSEA = .056）。このときの結果を、図3・2・2に示す。

古典的レイシズムはすべての不満を強める効果があったのだが、パスを比較すると、同化に対する不満と他の三つの不満との間の差の検定統計量はいずれも3.25を超えており、1％水準で有意であった。つまり、古典的レイシズムは、同化に対する不満を最もよく強めた。現代的レイシズムは、就労と不就労についての不満のみを、ともに強めた。

価値観とレイシズム

プロテスタントであると回答した回答者はいなかった。感情温度計に回答していない回答者1名を除外し、169名を分析した。プロテスタント的労働倫理尺度（$\alpha = .75, M = 4.2, SD = 0.9$）、人道主義—平等主義尺度（$\alpha = .85, M = 4.5, SD = 1.0$）は、それぞれ算

表 3.2.2　デモグラフィック変数，レイシズム，価値観の相関

	性別	感情温度	古典的レイシズム	現代的レイシズム	プロテスタント的労働倫理	人道主義－平等主義
年齢	-.06	.08	-.11	-.01	-.01	-.06
性別（女性）		.07	-.14 †	-.15 †	-.08	.12
感情温度			-.57 ***	-.40 ***	.14 †	.24 **
古典的レイシズム				.60 ***	.06	-.31 ***
現代的レイシズム					.18 *	-.15 †
プロテスタント的労働倫理						.30 ***

$^{*}p < .05$, $^{**}p < .01$, $^{***}p < .001$, $^{\dagger}p < .1$

術平均を尺度得点とした。

まず、変数間の相関を表3・2・2に示す。

年齢は、研究4と異なり、本研究ではどの変数との間にも有意な相関が見られなかった。性別に関しても、女性の方が古典的レイシズム／現代的レイシズムが弱い傾向はあるものの、有意ではなかった。

レイシズムの三指標間の相関については研究4と同等の結果が得られているので、改めて言及することはせず、価値観とレイシズムの関係に移る。プロテスタント的労働倫理は、現代的レイシズムと有意な正の相関を、感情温度との間にも有意傾向の正の相関があったが、古典的レイシズムとの間の相関は有意ではなかった。一方人道主義—平等主義は、感情温度と正の、古典的レイシズムと負の相関を持ち、現代的レイシズムとの間にも有意傾向の負の相関があった。

次に、これらの変数を用いて構造方程式分析を行うのだが、予備的な分析を行ったところ年齢と性別は他のどの変数にも有意な効果を持たなかったため、あらかじめ取り除いてある。

仮定されるパスは、研究4およびこれまでの分析で示され

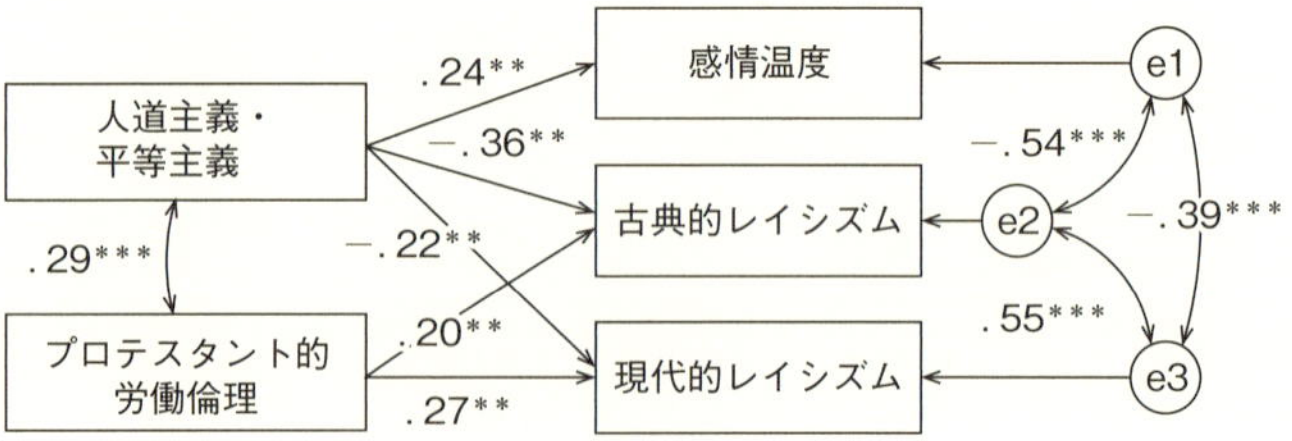

図 3.2.3　価値観とレイシズム

**p < .01, ***p < .001
e は誤差項

ているレイシズムの三指標の誤差項間の正の相関、スイムら（Swim et al., 1995）で示されている、プロテスタント的労働倫理／人道主義—平等主義から古典的レイシズム／現代的レイシズムへのそれぞれのパスであった。最尤法で分析を行ったところ、採択可能なモデルではなかった（$\chi^2(3) = 25.7, p < .001$, GFI = .940, AGFI = .699, RMSEA = .212）。そこで、修正指数の高かったプロテスタント的労働倫理と人道主義—平等主義の間の相関と、人道主義—平等主義から感情温度へのパスを認めたところ、採択可能なモデルが得られた（$\chi^2(1) = 0.7, p > .39$, GFI = .998, AGFI = .975, RMSEA = .000）。このときの結果を、図3・2・3に示した。

プロテスタント的労働倫理には古典的レイシズムと現代的レイシズムを強める効果があり、人道主義—平等主義はレイシズムのすべての指標に対して態度を好転させる効果があった。

このとき、人道主義—平等主義から古典的レイシズムへのパスと現代的レイシズムへのパスの差の検定統計量は2.51で5％水準で有意であったのに対して、プロテスタント的労働倫理からこの二つのレイシズムへのパスの差の検定統計量は-.58で、有意ではなかった。

また、予測されていなかったものとして、プロテスタント的労働倫理と人道主義—平等主義の間には有意な正の相関が見られている。

3―2―4　考察

予測的妥当性と弁別的妥当性（人数推定課題）

古典的レイシズムと現代的レイシズムは、日本における各職業等に占める在日コリアンの人数の見積もりに、予測された影響をもたらした。すなわち、古典的レイシズムは知的労働者を少なく、〝ヤクザ〟を多く見積もる方向に影響したのに対して、現代的レイシズムはステレオタイプ的な経済的成功者および生活保護受給者を多く見積もる方向に影響した。

したがって、古典的レイシズムの持ち主は在日コリアンの知的能力および道徳性を低く考え、現代的レイシズムの持ち主は在日コリアンの経済的待遇は恵まれていると思うと同時に、社会保障上の特権を得ていると考えているということが確認された。このことは、古典的レイシズムと現代的レイシズムが、理論的に予測される効果を持ち、かつ両者の効果は異なる対象に働くことを示しており、予測的妥当性と弁別的妥当性が示された。

また、現代的レイシズムはステレオタイプ的な経済的成功者の見積りには影響したが、同じく経済的成功者の一種である知的労働者の見積りには影響しなかったことから、現代的レイシズムの持ち主の考える経済的特権の及ぶ範囲がステレオタイプ的なものに限られている可能性が示された。

矛盾する不満

在日コリアンへの古典的レイシズム／現代的レイシズムは、オルポート（Allport, 1954/1979）の指摘と同様、矛盾する不満を同時に強める効果があった。したがってこれらのレイシズムは、単なる〝真実の欠片（Allport, 1954/1979）〟ではなく、一貫して在日コリアンへのネガティブな信念・態度をもたらすような要素であり、〝レイシズム〟と呼ぶべき態度であることが明らかになった。

古典的レイシズムは同化―非同化の不満のみに影響すると予測されたが、実際には就労―不就労の不満にも影響していた。一方現代的レイシズムは、就労―不就労の不満にのみ影響していた。これは、現代的レイシズムがもっぱら経済や福祉の面での待遇や地位についての信念に依拠しているのに対して、古典的レイシズムはより一般的・包括的なネガティブな態度であることを反映しているのではないかと考えられる。

ただし、古典的レイシズムが最も強く負荷したのは、在日コリアンが日本人に同化することへの不満であった。これは、在日コリアンは知的・道徳的に劣っていると考える人にとって、調査に用いられた四つの問題の中で最も重要な関心事が、日本人と在日コリアンの集団間の境界を維持することであることを示していると考えられる。

この分析で明らかになった矛盾する不満へのレイシズムの影響は、例えば在日コリアンが〝帰化（国籍取得）〟しないことや本名を名乗ること（非同化）に対して不満を抱くと同時に、〝帰化〟して〝日本人〟になることや通名を名乗ること（同化）に対しても不満を抱くなどの形でも現れるかもしれない。

価値観とレイシズム

相関の分析からは、プロテスタント的労働倫理（Katz & Hass, 1988, Mirels & Garrett, 1971; Weber,

1905/1920, 大塚久雄訳 1980）は現代的レイシズムと有意な正の相関があるが古典的レイシズムとの間の相関は有意ではなく、したがって現代的レイシズムは黒人がプロテスタント的労働倫理に抵触しているとみなすことを基盤とするというシアーズやマコナヒーらの知見（Kinder & Sears, 1981; McConahay & Hough, 1976）の説は在日コリアンについても再現されたように見える。しかし、構造方程式分析の結果は、黒人に対する古典的レイシズム／現代的レイシズムの研究においてスイムら（Swim et al., 1995）が示したのと同様に、プロテスタント的労働倫理は二つのレイシズムに対してともに正の負荷を示すというものであった。これは、現代的レイシズムでは在日コリアンが勤労や節制の道徳に抵触しているという認知が関わっているのに対して、古典的レイシズムでは在日コリアンの境遇をその劣等性に帰属しやすいことに関わっているのだと考えれば、合理的に説明可能である。このように二つのレイシズムはともに認知的な側面を持つのだが、研究4で示したように古典的レイシズムの方が感情温度との相関は強く、したがって感情的側面の比重は高いと言えよう。

人道主義—平等主義（Katz & Hass, 1988）もまた、スイムら（Swim et al.,1995）と同様に、レイシズムを弱める効果があった。とくに古典的レイシズムに対する影響は現代的レイシズムに対するものよりも強かったのだが、これは、現代的レイシズムが偏見であることには自分では気づきにくいため（McConahay, 1986）、人道主義—平等主義の持ち主にとっても比較的抑制しづらいことを反映しているのではないかと考えられる。

以上のように在日コリアンへの古典的レイシズム／現代的レイシズムは、黒人についての研究（Swim et al., 1995）と同様、二つの価値観によって予測された。このことと、研究4で示したデモグラフィック変数の影響や研究5の他の分析で示した予測的妥当性などを併せて考えると、在日コリアンへの二種類のレイシズムは、黒人に対するそれらとよく似た性質を持つことが分かる。ただし、内容面では、研究4で示したように、現代的レイシズムが〝政治的憤り〟のみに基づいている可能性はある。

また、本研究では価値観が感情温度に影響を与えるか与えないかの分析も行っている。その結果、人道主義—平等主義は感情温度にも影響したのに対して、プロテスタント的労働倫理は感情温度には影響しなかった。感情温度が特定の信念に依存しにくい純粋な態度の指標として用いられていること（e.g., Sears & Henry, 2003）を考えると、プロテスタント的労働倫理は前述した認知的経路を介してのみレイシズムを強めるのに対して、人道主義—平等主義はより一般的な、特定の信念を介さない他者に対する温かな感情を通じてレイシズムを弱める効果もあるのではないかと考えられる。このことは、在日コリアン以外にも様々なマイノリティが存在する世界での偏見の有り様を考えるときには、重要となる。すなわち、人道主義—平等主義は、よく知られていない、したがって特定の信念に基づいた偏見の対象ではない他者——おそらくアイヌなど——に対するネガティブな態度も、緩和する可能性があるということである。

3—3 まとめ

第3章では、二つの研究により、黒人に対するレイシズムを分析するために提案され発達した現代的レイシズム理論（Kinder & Sears, 1981; McConahay, 1983, 1986）を在日コリアンに適用し、二つのレイシズムを区別する意義があるかを検証した。

研究4では、比較的大きなサンプルを用いて確認的因子分析を行い、古典的レイシズムと現代的レイシズムが独立した因子として抽出可能であることを示した。

研究5では、研究4で明らかにされた因子構造と尺度を用い、二つのレイシズムが予測的妥当性と弁別的妥当性を持つこと、単なる事実の認知によるものではなくレイシズムとして検討する価値がある現象であることを明らかにした。

また、研究4、5を通じて、レイシズムを予測するとされてきた性別や年齢、価値観などが在日コリアンに対する二つのレイシズムも予測し、したがってこれらのレイシズムは対象がアメリカ在住の黒人であるか在日コリアンであるかを問わず似通った性質を持つことを明らかにした。

次章以降では、この二つのレイシズムの概念を用い、さらに応用的な研究を行う。

注

(1) ただし、この表現は回答者には分かりにくいかもしれないと考え、サンプル2以降では〝在日北朝鮮人・韓国人(以下〝在日朝鮮人〟と標記)〟という表現を用いている。実際には、北朝鮮国籍というのは日本では承認されていないため、この表現は正確な用語ではないのだが、一般の学生が理解する上では頻繁に用いられるカテゴリ名称であると考えられることから、このようにした。ただし、事後的な分析では、この修正は結果に影響しなかったようである。

(2) 同右

(3) 慣例的に用いられるαの値は.7以上であり、本書でもこの値を用いるが、項目数が少ない尺度に関しては、それを多少下回っても実用に耐えると考えた。

(4) なお、両尺度及び感情温度については、数値の大きさそのものをもとにレイシズムが存在するかしないかを議論すること(例えば理論的中間値との比較)はしない。外集団に対する態度が尺度の中点に比べてポジティブであっても、内集団に対する態度と比較するとネガティブである場合があり、外集団に対する態度の数値の大きさそのものから偏見の存在を議論することには困難がつきまとう(Stangor, 2008)。そのため、日本人との比較を行うものではない本研究の尺度の数値の大きさそのものを検討対象とすることには意義が少ないからである。

(5) 古典的レイシズム尺度、現代的レイシズム尺度では得点が高いほど在日コリアンに対してネガティブだが、感情温度では数値が大きいほどポジティブである。

(6) 研究4とは欠損値の処理仕方が異なる(研究4では古典的レイシズム/現代的レイシズムのいずれかに一つでも欠損値のある回答者をすべての分析から除外していたが、本研究では各尺度の信頼性の計算時にはその尺度に欠損値のある回答者のみを除外している)ため、若干の数字のずれがある。

(7) なお、生活保護受給者の1000人に100人が在日コリアンであるという中央値は、厚生労働省(2013)より計算可能な19人という数値に比べて五倍以上高く、こうした誤った信念をもとに在日外国人の社会保障についての議論がなされていることも、憂慮すべき事態である。

(8) なお、このような要約を行わない場合でも、古典的レイシズムから法律家、現代的レイシズムから焼肉店経営者のパスが有意傾向に留まった他は、同様の結果が得られている。

第4章　インターネットの使用とレイシズムの強化

第3章では、在日コリアンに対するレイシズムを古典的レイシズムと現代的レイシズムに分類することとの妥当性に関する基礎的な分析を行った。

第4章では、インターネットの使用とレイシズムの間に結び付きがあるかを、二つの研究により明らかにする。調査に参加したのは一般の大学生であり、したがって過激な街宣・デモを行う右派系市民団体と同一ではない。しかしながら、過激で目につく右派系市民団体以上に、その足元にある〝憎悪の地下茎（人の良いオッチャンや、優しそうなオバハンや、礼儀正しい若者の心の中に潜む小さな憎悪［安田 2012, P. 351］）〟がいかにしてもたらされるのかを検討することは、重要な課題である。

研究6では、インターネット、テレビ、新聞の視聴・講読とレイシズムおよびレイシズムの基盤となる保守的イデオロギーとの関係について明らかにする。

それを受けた研究7では、インターネットの使用目的や使用内容をより詳細に検討し、果たして何がレイシズムや保守的イデオロギーと関係しているのかを検討する。

4―1　研究6　インターネットの使用と右翼傾向に関係はあるのか？

本節では、インターネットをはじめとするメディアへの接触量と右翼傾向の間に関連性があるのかを検討する。

右翼傾向としては、在日コリアンへのレイシズムに加え、レイシズム等を予測するより基本的な個人差である二種類の保守的イデオロギーを用いる。

その結果、インターネットの使用量がとくに不平等を肯定する種類の保守主義と相関していること、現代的レイシズムを強め、古典的レイシズムも強める傾向があることが示される。

4―1―1　問題と目的

第2章で述べたように、インターネットはレイシズムの伸長において欠かせない役割を果たしたと考えられる。そこで浮上する疑問は、インターネットは特殊な、〝ハードコアな〟人々に差別的言論を喚起しただけではなく、より広い一般の人に対してもレイシズムを強める働きをしているのではないのかというものである。全人口の約60％がインターネットを利用している（総務省統計研修所 2012）現代日本において、このことは重要な意味を持つ。

そこで、研究6では、インターネットの使用がレイシズムを強める可能性を検証する。

インターネットと排外主義の関係を扱った先行研究としては、辻（2009）が挙げられる。彼の研究では、(1)韓国・中国に親しみを感じないと回答し、(2)首相や大臣の靖国参拝、9条改憲、小中学校での国旗掲揚・国歌斉唱、小中学校での愛国心教育のすべてを支持すると回答し、(3)インターネット上で最近一年間以内に政治的な議論を行ったことがあると回答する、という〝コアなネット右翼〟（回答者の1％程度）に注目して分析を行っているのだが、本研究で扱うのは、より幅広い層へのインターネットの影響である。もっともサンプルは大学生に限られているのだが、これはすでに述べたように、コリアンへのレイシズムのような極度に繊細な話題でも高い回答率が得やすいことの他に、インターネットの利用率は成人では若いほど高く、青年層ではおよそ90％に達していることも関わっている。つまり、大学生はインターネット上の好ましくない言説に最も暴露されやすい年齢層であると考えられるからである。なお、辻（2009）は〝コアなネット右翼〟の形成には匿名掲示板の2ちゃんねるが関わっていることを指摘しているのだが、そうした使用サイト別の影響の検討は研究7で行う。

インターネットの使用とレイシズムの関係について扱った先行研究には、メリカンとディクソン（Melican & Dixon, 2008）もある。この研究では、インターネットのニュースサイトを信用する回答者ほど現代的レイシズムが強いとしているのだが、在日コリアンに対するレイシズムの文脈でも同様のことが当てはまるのかは明らかではない。また、この研究では感情温度と古典的レイシズムを測定していないため、インターネットの使用が現代的レイシズムのみに選択的に影響するのか、それとも他の指標で測られるレイシズムにも影響するのかは、明らかではない。そこで本研究では、感情温度、古典的レイシズム、現代的レイシズムの三つの指標を用い、インターネットを含めた代表的なメディア（i.e., インターネット、テレビ、新聞）がそれらに影響する可能性を検討する。なお、メリカンとディクソンが示しているようにインターネットのニュースの閲覧がレイシズムにとくに影響しているかどうかも、研究7で検討する。

二つの保守的イデオロギー

本研究ではレイシズムの他に、保守的イデオロギーとメディアの使用との関係も検討する。

偏見や差別の強化に繋がる保守的イデオロギーの代表としては、右翼的権威主義（Right-Wing Authoritarianism; Altemeyer, 1996）と社会支配指向（Social Dominance Orientation; Pratto et al., 1994）がある。

右翼的権威主義は、アドルノら（Adorno et al., 1950）が考案した権威主義パーソナリティ概念をアルトマイヤーが実証的に発展させたものである。(1)権威者に盲目的に従う〝権威主義的服従〟、(2)権威者が攻撃するように指示した対象に対する、あるいは権威に背くものに対する〝権威主義的攻撃〟、(3)伝統と慣習に固執する〝因習主義〟からなる。具体的な項目としては、〝幸せな暮らしのために本当に必要なのは、従順、規律、品行方正な行いを堅持することだ〟、〝人は、たとえ他の人々と異なっていたとしても、独自のライフスタイル、宗教心、性的選択を持つべきだ（逆転項目）〟などが用いられる。このイデオロギーは、レイシズムやその他の様々な偏見、保守反動的な政治的態度を予測するとされている（Altemeyer, 1996）。アドルノらはパーソナリティ特性として権威主義を考案したのだが、より一般的な傾性であるパーソナリティと、より個別的な態度との間にある、イデオロギーの次元として捉える方が有益である（Duckitt, 2001）。

社会支配指向は、社会を競争の場と考え、集団を〝優れた―劣った〟という次元で捉え、また格差の存在を是認するイデオロギーである（Pratto et al., 1994）。具体的な項目としては、〝人生において、ある集団が他の集団よりもチャンスに恵まれていたとしても構わない〟、〝我々が人々をより平等に扱えば、我々の抱える問題はより少なくなる（逆転項目）〟などが用いられる。このイデオロギーもまた、レイシズム、セクシズムをはじめ様々な対象に対する偏見や、反平等主義的態度、ナショナリズムなど様々な態度を予測することが知られている（e.g., Pratto et al., 1994）。

両者はともに保守的イデオロギーであり、様々な保守的態度を予測し、資本主義国のサンプルでは両者の間には正の相関がみられることが多い（e.g., Duckitt, 2001; Duriez, van Hiel, & Kossowska, 2005）のだが、異なる概念である。右翼的権威主義が、世界は危険だと考えこの脅威を回避するためには権威に従う必要があると考える文化的保守主義であるのに対して、社会支配指向は不平等を是認し競争的社会を支持する政治経済的保守主義である（Duckitt, 2001）。そのため、この二つは異なる振る舞いを示すことも多い。例えば、右翼的権威主義が〝危険な外集団（犯罪者、薬物使用者など）〟に対する偏見をよく予測するのに対して、社会支配指向は〝軽蔑できる外集団（身体的魅力の無い人々、精神障害者、移民など）〟への偏見をよりよく予測する（Duckitt & Sibley, 2007）。また、右翼的権威主義の持ち主は既存の文化への脅威となる、現地文化に同化しようとしない移民に対して、迫害する意図を持ちやすいのに対して、社会支配指向の持ち主は、社会成層への挑戦とみなされる、現地文化に積極的に同化しようとする移民に対して、迫害する意図を持ちやすい（Thomsen, Green, & Sidanius, 2008）。したがって、インターネットの使用が保守主義と結びついているといったときに、どちらの意味で保守的であるのかを明らかにすることは、その影響への対処を考えるために重要であると考えられる。

メディアとイデオロギー、レイシズム

メディアの使用と保守的イデオロギーとの関係は、二通りの因果関係が考えられる。一つは、メディアとの接触が保守的イデオロギーを強めるという因果関係である。メディアは、世界がいかなる場所であるか、直接会ったことのない他者がいかなる存在であるかの重要な情報源である（Gerbner, Gross, Morgan, & Signorielli, 1982）ため、イデオロギーや偏見の変容をもたらしうる。例えばガーブナーら（Gerbner et al., 1982）はテレビの視聴が〝卑劣で危険な世界観〟をもたらす可能性を指摘しているが、〝危険な世界観〟は右翼的権威主義の予測要因であるため（Duckitt, 2001）、テレビの視聴は右翼的権威主義を強めるかもしれない。また本研究でより注目しているのは、質的な分析（安田 2012）が指摘しているように、インターネットの使用が保守主義を強める効果があるかという点である。

もう一つの因果関係は、保守的なイデオロギーの持ち主ほど、特定のメディアを好んで利用するというものである。これは、人が自分の態度・信念に合致するメディアに選択的に接触する（Stroud, 2007）ことから説明できる。

したがって、メディアの使用と保守的イデオロギーの間の因果関係としては、メディアの使用が保守的イデオロギーに影響するという因果関係と、保守的イデオロギーがメディアの使用に影響するという因果関係の、両方の可能性を考慮する。

インターネットの使用は、とくに社会支配指向に関わっているのではないかと考えるべき根拠として、

佐藤・杉岡・内藤（2003）が挙げられる。佐藤らは、インターネットの利用経験と、また税負担についての項目で測定した平等主義的態度が負の相関を示すことを明らかにしている。税負担に関する平等主義的態度は、イデオロギーである社会支配指向によって弱められる変数の一つと考えられる。つまり、インターネットの利用経験が税負担に関する平等主義を予測するのは、社会支配指向を強めることを介してではないかと考えられる。

一方の右翼的権威主義に関しては、インターネットの使用とは関連していない可能性がある。例えば、在特会などの調査を行っているジャーナリストの安田は、〝ネット右翼〟の口からは尊王史観や天皇に関する言葉をほとんど聞いたことがないとしており（週プレNEWS 2012）、〝ネット右翼〟には伝統的権威をことさら尊重する態度は伺えない。本研究は極端なヘイト・グループについて検討するものではなく一般の大学生について検討するものではあるのだが、インターネット上の保守反動的な言説の高まりの一つの帰結がヘイト・グループであるとするならば、一般層においてもインターネットの使用と右翼的権威主義は結びつかない可能性がある。

メディアの使用とレイシズムの関係については、在日コリアンへのレイシズムが日常的な生活を規定するほど影響力を持つということは想定しにくいため、メディアの使用がレイシズムに影響するという可能性のみを考慮した。研究1で明らかにしたように、インターネット上では在日コリアンに対するレイシズムが頻繁に見られる。そのため、インターネットを使用することでそうした言説に影響され、レイシズムが強まる可能性に、とくに注目した。

性差とイデオロギー

本研究では、性別と保守的イデオロギーをともに測定している。そこで、研究4で見られた在日コリアンに対するレイシズムにおける性差が、保守的イデオロギーの性差に起因している可能性も検討する。イデオロギーの性差に関しては、右翼的権威主義には一般に性差は無いと考えられている（Altemeyer, 1996）。一方、社会支配指向は女性の方が弱いことが示されており（e.g., Pratto et al., 1994; Sidanius et al., 1994）、レイシズムの性差はこの違いによるものであるとした研究もある（Sidanius et al., 1994）。したがって本研究では、在日コリアンに対するレイシズムの性差が社会支配指向の違いによってもたらされる可能性を検討する。

4―1―2　方法

回答者

研究4のサンプル6（二〇一〇年五月）を用いた。東京都の大学生206名が授業時間中に質問紙に回答した。回答者は報酬として講義成績への加点を得たが、このための記名用紙は質問紙本体から切り離し、別途回収された。他の研究で用いるために二回の調査を照らし合わせるため、回答者は自分で生成したIDを質問紙表紙に記入したが、調査者が個人を特定することはできず、調査は匿名で行われた。性比はやや女性に偏っており（男性81名、女性122名、無回答3名）、平均年齢は18・4歳（SD = 1.0）と主に第一学年を中心とするサンプルであった。

質問紙

質問紙は複数の研究に用いるための様々な質問で構成されており、調査全体でおよそ30分を要した。質問1のレイシズム尺度および質問2の感情温度計については、研究4で記した通りである。質問3〜5、質問7〜8は本研究には用いられなかった[1]。質問6は34項目版右翼的権威主義尺度（Altemeyer, 1996）および16項目版社会支配指向尺度（Pratto et al., 1994）を日本語に訳したものを用いた（表4・1・1）。右翼的権威主義尺度は、元の質問項目には無い〝日本〟（〝our country〟の訳語として）、〝神や仏を信じない人〟（〝atheists〟の訳語として）などの表現を使いつつ訳したものである。

質問9で性別、年齢、国籍（〝日本〟を選択肢に含む選択式）を問うた。加えて、〝平均して一日に何時間ぐらいテレビを観ますか？　□□時間□□分〟、〝平均して一日に何時間ぐらいインターネットを利用しますか？　□□時間□□分〟、〝平均して週に何回ぐらい新聞を読みますか？　□□回〟と問うた。

回答者は後日授業時間中に研究目的と結果についての説明を受けた。

4―1―3　結果

日本国籍であると回答しなかった1名を分析から除外した。研究4に基づき、古典的レイシズム尺度は六項目、現代的レイシズム尺度は四項目の算術平均を用いた。平均値等は、古典的レイシズム（α = .69, M = 2.4, SD = 0.9）、現代的レイシズム（α = .71, M = 3.2, SD = 1.0）、感情温度（M = 60.3, SD = 19.3）であった[2]。

表 4.1.1　右翼的権威主義尺度と社会支配指向尺度

右翼的権威主義尺度
ある種の犯罪に対しては，無期懲役を課しても構わない（T）
女性は結婚するときには，夫に従うことを約束すべきだ（T）
日本の権威のある人々は他の人々に比べて賢明で知識があり，有能であるため，日本人は彼らを頼りにすることができる（T）
急進的な人々や平均から逸脱した人々の権利を，あらゆる方法で守ることが大切である（T）
日本は，日本を蝕む急進的な考えや恥ずべき行いを排除するために，これまでなされてこなかった必要な措置を取ることのできる，強力なリーダーを切望している
ゲイやレズビアンも，そうでない人々と同じぐらい健康で道徳的である（R）
日本は，先祖の行いを尊敬し，権威ある人々が示す通りに行動し，あらゆる物事を台無しにする“腐ったリンゴ”を排除することで，素晴らしい国になることができるだろう
神や仏の存在を信じない人や既存の宗教に反抗する人々も，寺社仏閣を定期的に参拝する人と同じぐらい，優良で高潔である（R）
幸せな暮らしのために本当に必要なのは，従順，規律，品行方正な行いを堅持することだ
上品さや性的行為に関する規範の多くは，他の人々が従うものよりも必ずしも優れているわけでも尊いわけでもない，単なる風習に過ぎない（R）
今日の日本には急進的で非道徳的な人々が多くおり，好ましくない自分勝手な目的を果たそうとしているので，権威ある人々はそれを食い止めなければならない
どんな場合でも，我々の社会にいる，人々の心に疑念を植えつけようと騒ぎ立てる扇動者の声に耳を貸すよりも，政府や宗教などのきちんとした権威の判断に従う方が，より好ましい
人々が裸で生活するヌーディスト村は，ちっとも間違ったものではない（R）
人生に唯一の正しい生き方などない：人々は皆自分自身の生き方を見つけなければならない（R）
道徳心や伝統的思想の侵食を食い止めなければ，日本はいつか破壊されてしまう
同性愛者やフェミニストは，“伝統的家族観”に立ち向かうほどの勇気をもっていることを賞賛されるべきだ（R）
日本はとても深刻な状況に置かれているため，問題を起こす人々を排除し本来の姿に戻すために最も強力な方法を使用しても，正当化できるだろう

古臭い考え方だと思う人もいるかもしれないが，成人男性，それととくに成人女性にとっては，標準的な，適切な身だしなみを保つことは重要なポイントである

人は，たとえ他の人々と異なっていたとしても，独自のライフスタイル，宗教心，性的選択を持つべきだ（R）

女性が自由に居場所を選ぶことが出来るべきだ．女性が夫や社会的慣習に従順でなければならないというのは，もはや完全に過去のことである（R）

日本が本当に必要としているのは，良からぬ人々を粉砕し，本来あるべき姿に戻してくれる，強力で決断力のあるリーダーである

人々は古臭い宗教的な規範をもっと無視するべきであり，何が道徳的で何が非道徳的なのかについて，人それぞれの判断基準を持つべきだ（R）

日本がこの先の危機に立ち向かうためには，伝統的な価値観に立ち戻り，強い指導者達に政権を握らせ，よからぬ考えを広める連中を黙らせるのが，唯一の方法である

日本は，たとえその結果多くの人がショックを受けるとしても，伝統を覆す勇気のある，自由な発想を持つ人々を必要としている（R）

結婚前に性交渉を行うことは，少しも悪いことではない（R）

下品で不愉快なものが人々の手に渡らないように，きちんとした権威が雑誌を事前にチェックすることは，皆にとって望ましいことだ

今日の若者が昔に比べて，自分の望まないものごとに抵抗し，行動を自分で決定するための人それぞれのルールを持つ自由を手にしていることは，素晴らしいことだ（R）

日本に本当に必要なのは，これ以上の人権ではなく，確固たる法と秩序だ

日本の最も優れた人々の中には，政府に歯向かい，宗教を批判し，普通の人々が望ましいと考えているやり方を無視する人々もいる（R）

権威に従いそれを尊敬することは，子どもが学ぶべき最も重要な道徳である

品行方正な暮らし方にこだわる必要は誰にも無い．人々は自由になり，色々なアイデアや体験を試すべきだ（R）

一度政府のリーダー達が命じたなら，日本を内側から崩壊させる連中を打ち倒すために協力するのが，日本を愛するすべての市民の義務である

新しいアイデアは進歩のための活力の源泉なので，異議を申し立てる人々や急進的な人々に対して寛容でなければならない（R）

犯罪，性的退廃，昨今の社会の無秩序ぶりを考えると，道徳的規範と法と秩序を守るためには，逸脱した人々や問題を起こす人々に対しては，断固たる措置を取らなければならない

Altemeyer 1996, 12 より．

社会支配指向尺度
人間の集団には，他の集団より単に劣っているものもある
欲しいものを手に入れるためには，他の人々の集団に対して力を行使しなければならないときもある
人生において，ある集団が他の集団よりもチャンスに恵まれていたとしても構わない
成功するためには，他の集団を踏み台にしなければならないときもある
特定の集団が分をわきまえていれば，我々の抱える問題は少なくなる
一部の集団が高い地位にあり別の集団が低い地位にあるのは，良いことだろう
劣った集団は，身分相応の場所に留まるべきだ
集団が，それぞれの立場に留まらなければならないときがある
集団間が平等であることは良いことだろう（R）
各集団間の平等は我々の理想である（R）
どんな集団も，人生において平等にチャンスを与えられるべきだ（R）
色々な集団に平等な条件が整えられるように，我々は可能な措置を取るべきだ（R）
社会的平等がより行き渡ること（R）
我々が人々をより平等に扱えば，我々の抱える問題はより少なくなる（R）
我々は人々の収入が可能な限り平等になるように勤めるべきだ（R）
いかなる集団も，社会を支配してはならない（R）

（T）は練習項目，（R）は逆転項目.　　Pratto et al. 1994, 763 より.

右翼的権威主義尺度は、アルトマイヤー（Altemeyer, 1996）に従い、最初の四項目を練習項目として除外し、算術平均を尺度得点とした（α = .72, M = 3.26, SD = 0.5）。社会支配指向尺度は、全16項目の算術平均を尺度得点とした（α = .85, M = 3.58, SD = 0.8）。

メディアとの接触量は、一日のテレビの視聴時間（M = 1.8, SD = 1.3, Me = 1.5）、インターネットの使用時間（M = 1.3, SD = 1.3, Me = 1.0）、一週間の新聞講読回数（M = 1.6, SD = 2.3, Me = 0）であった。これらは正規分布から外れていたため、以下の変換を行ったものを分析に用いた。まず、テレビの視聴時間およびインターネットの使用時間については、右に長い分布であったため、対数変換（$\log_{10}[x+1]$）したものを用いた。次に、新聞については、まったく読まないと回答した回答者がほぼ半数（109名）であったため、週に一度以上読む／まったく読まないの二値の変数に直した。

相関

各指標間の相関を表4・1・2に示す。

本研究のサンプルに固有の相関として、女性の方が年齢が若い傾向があった。メディアとの接触頻度に関しては、女性の方が新聞を読むことが少ないという結果が得られている。これは、国外におけるエルベスタッドとブレッケサウン（Elvestad & Blekesaune, 2008）と同様の結果である。右翼的権威主義についてはアルトマイヤー（Altemeyer, 1996）のとおり、性差は見られなかったが、社会支配指向についてはプラトーら（Pratto et al., 1994）、シダニウスら（Sidanius et al., 1994）と同様、女性のほうが弱いという結果が得られた。レイシズムに関しては、いずれの指標でも女性の方が寛容な態度を持っているという、研究4と同様の結果が得られている。

本研究の回答者はほとんどが第一学年の学生であり、年齢の分散は小さかったのだが、唯一新聞の講読との間には正の相関が見られている。

次に、メディアとの接触と心理尺度についての分析に移る。インターネットの使用は、古典的レイシズム、現代的レイシズムとの間に正の相関があったのだが、感情温度との間には有意な相関はなかった。また、社会支配指向との間には有意傾向の正の相関があったのだが、右翼的権威主義との間にはなかっ

表 4.1.2　諸変数間の相関

	年齢	インターネット	テレビ	新聞（読む）	右翼的権威主義	社会支配指向	古典的レイシズム	現代的レイシズム	感情温度
性別（女性）	-.16*	-.01	.00	-.23**	.03	-.28***	-.20**	-.17*	.20**
年齢		.09	.01	.16*	.09	.08	-.06	-.04	.04
インターネット		.	.12†	.08	.07	.13†	.14*	.18**	.00
テレビ				-.01	.02	.04	.12†	.01	-.12
新聞（読む）					.14*	.05	.02	.03	.00
右翼的権威主義						.02	.20**	.25***	-.05
社会支配指向							.36***	.17*	-.30***
古典的レイシズム								.48***	-.54***
現代的レイシズム									-.32***

*$p < .05$, **$p < .01$, ***$p < .001$, †$p < .1$

た。

テレビの視聴は、唯一古典的レイシズムとの間に有意傾向の正の相関があった。また、新聞の講読は、右翼的権威主義との間に有意な正の相関があった。

心理指標同士の相関に目を向けると、右翼的権威主義は古典的レイシズムおよび現代的レイシズムと相関があり、社会支配指向は感情温度も含めた三つのレイシズムの指標すべてと相関があった。これらはいずれも、保守的イデオロギーが強いほどレイシズムも強いという相関であった。

また、右翼的権威主義と社会支配指向の間には相関はなく、レイシズムの指標同士の間には、研究4

と同様の相関が見られた。

構造方程式分析

メディアとの接触と各心理指標との関係を、構造方程式分析で検討する。分析にはAmos 18.0（SPSS, Inc）を用いた。いずれかの変数で欠損値のあった四人がさらに分析から除外された。

最初に仮定されたモデルは以下の通りである。まず、性別から年齢、社会支配指向、すべてのレイシズム指標、新聞の講読へのパスを、先行研究および相関についての分析に基づき仮定した。また、レイシズムの三指標の誤差項間の相関を仮定した。続いて、理論上ありうるすべてのパスを仮定した。これは、すべてのメディアとの接触頻度から二種類の保守的イデオロギーと三種類のレイシズム指標へのパス、二種類の保守的イデオロギーからすべてのメディアとすべてのレイシズム指標へのパスである。

このモデルを用いて最尤法で分析を行い、有意でなかったパスを削除して再分析を繰り返した。テレビの視聴時間を含むすべてのパスは有意でなく、また仮定することでモデルを改善できる年齢からのパスは存在しなかったため、これらの変数を除外した。また、インターネットの使用時間から社会支配指向へのパスと社会支配指向からインターネットの使用時間へのパスは、同時に投入するとどちらも有意ではなくなるのだが、一方のみを仮定した場合にはいずれも有意であったため、誤差項間の相関とした。新聞の講読と右翼的権威主義の間のパスも同様の処理を行った。最終的に得られたモデルは、採択可能な適合度を示した（$\chi^2(14) = 12.7, p > .54$, GFI = .985, AGFI = .961, RMSEA = .000）。この結果を、図4・1・1に示す。

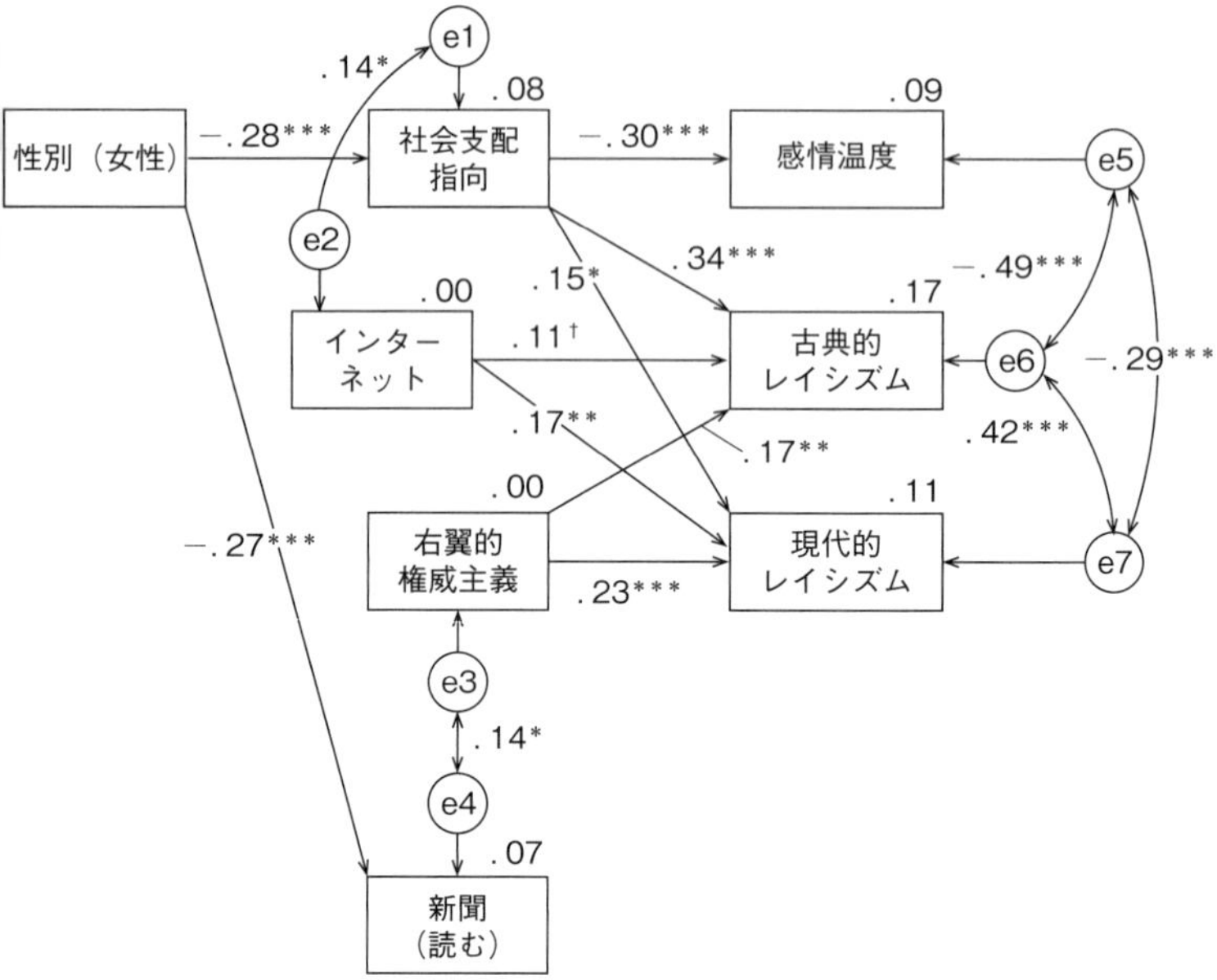

図 4.1.1　性別，メディアの使用，保守的イデオロギー，レイシズムによる構造方程式分析

$^{*}p < .05$, $^{**}p < .01$, $^{***}p < .001$, $^{\dagger}p < .10$
e は誤差項

インターネットの使用時間は、現代的レイシズムに対して有意な正の負荷を、古典的レイシズムに対しては有意傾向の正の負荷を持ったのに対して、感情温度に対しては負荷しなかった。また、社会支配指向との間には正の相関があったが、右翼的権威主義との間には相関は見られなかった。

インターネット以外のメディアでは、新聞の講読は、右翼的権威主義との間に正の相関があったが、他の心理指標への効果はなかった。また、テレビの視聴時間は、上述のとおり心理指標との間のパスがすべて有意でなかったため、分析から除外されている。

保守的イデオロギーからレイシ

ズムへのパスを比較すると、社会支配指向はすべてのレイシズムの指標に負荷していたのだが、右翼的権威主義は感情温度には負荷していなかった。

性別からレイシズムへの直接のパスはいずれも有意ではなく、この効果は社会支配指向によって媒介された。

4―1―4　考察

インターネットと右翼傾向

本研究では、インターネットを含む代表的なメディアと、レイシズムおよび保守的イデオロギーの関係を検討した。

その結果、インターネットの使用時間は現代的レイシズムを強める効果があり、また古典的レイシズムも強める傾向があったが、感情温度には影響しなかった。したがって、インターネットはレイシズムを強める働きがあるが、その働きは主として認知的側面に対する影響であり、感情面への影響は相対的に小さいことが示された。研究1で示したように、在日コリアンは劣っているとする〝情報〟や、在日コリアンは何らかの特権を得ているとする〝情報〟は、インターネット上では非常によく見られる。インターネットを使用することでこれらの情報に接触しているうちに、信念に基づくレイシズムが強まるのではないかと考えられる。他方、直接のネガティブな体験とは異なり、こうした情報に接することは、必ずしも在日コリアンへの否定的な感情はもたらさないのかもしれない。インターネットとのどのような接触がレイシズムをもたらすのかについては、社会支配指向への影響とあわせて、研究7で検討する。

また、インターネットの使用時間は社会支配指向との間には相関があったのだが、右翼的権威主義との間には相関はなかった。

したがって、インターネット上で見られる保守反動という問題を考えるとき、少なくとも一般大学生において、それは不平等を是認する傾向と、認知的なレイシズムの複合体であり、変化を拒み権威に追従する傾向ではないことになる。この点は、過激な〝ネット右翼〟において、尊王史観や天皇に関する言葉はほとんど見られないとした安田（2012）とも整合するものである。

インターネットの使用量と社会支配指向の間になぜ関連が見られるのか、そのメカニズムについては本研究では明らかになっていない。インターネットの使用が社会支配指向に影響を与える可能性として、一つには、インターネット上のコミュニケーションの性質による影響が考えられる。インターネットではユーザー間の相互作用が盛んになされるが、表情や身振りなどの相互作用に伴う非言語的な手がかりが少ないため脱個人化が生じ、言動に抑制が利きにくい（Kiesler, Siegel, & McGuire, 1984）。例えば、アメリカの少年に対する調査では、三人に一人の回答者が、過去一年以内に侮辱や攻撃的なコメント、噂の流布などの嫌がらせを受けたと報告している（Ybarra & Mitchell, 2008）。日常的にこのような経験をすることが、競争的な認知をもたらすのかもしれない。実際、高比良・安藤・坂元（2006）は、ツール別では〝Eメールの使用〟や〝BBSへの投稿〟が、目的別では〝ネットで知り合った友達とのやりとり〟や〝新しい友だちづくりのため〟のインターネット利用が、日本語版Buss-Perry攻撃性質問紙（安藤・曽我・山崎・島井・嶋田・宇津井・大芦・坂井 1999）における〝敵意〟の下位尺度を強めることを明らかにしている。

また、インターネットを用いて主体的に情報にアクセスしたり情報を発信したりすることで高まる自己効力感（Bandura, 1977）が、一般的な人間観・世界観にまで影響するのかもしれない。インターネット上のニュースを見たり、政治的なメッセージを送ったりすることが、政治的自己効力感（自分の政治的行動が現実の政治的過程に影響すると感じる程度）と正の相関があるということは、先行研究が示している（Lee, 2006）。ただし、自己効力感の上昇が社会支配指向を強めることに繋がるのかは、現時点では明らかではない。

このようなインターネット上のコミュニケーションの性質による説明が可能である一方で、社会支配指向の強まりはインターネット上でなされているコミュニケーションの内容に起因するという可能性もある。これは、現に人間の集団間の上下関係を肯定するような言説がインターネット上で盛んになされているため、そうしたものに頻繁に接触する人々の社会支配指向が強まるとするものである。このような言説の偏りがあるかはまだ明らかにされていないし、またこの説明を採用する場合にも、なぜそうした情報が優勢になったのかの歴史的変遷の分析は必要となるだろう。例えば、様々なウェブサイトのテキストを年代ごとに収集して、各年代における言説がどのように変化してきたのかを検討することなどが考えられる。

また、インターネット上のコミュニケーションの形態やそこで行われている言説が偏っているということを考慮するならば、社会支配指向が強い人ほどインターネットを好んで利用するという逆の因果関係の可能性も考慮すべきである。つまり、社会支配指向の強い人の方が自分の信念・態度・行動様式と合致する情報に多く出会えるメディアであるインターネットに対する選択的接触（Stroud, 2007）を行うという可能性である。

このように、インターネットの使用と社会支配指向の間になぜ関連が見られるのかについては、コミュニケーションの性質による説明と、現になされているコミュニケーションの内容による説明のどちらも可能である。こうした仮説の比較は、例えば日本語でインターネットを使用しているユーザーと他の言語で使用しているユーザーとで同様の結果が得られるかを調べることにより、可能であろう。つまり、インターネットというメディア自体の性質が社会支配指向をもたらすのであれば、使用している言語に関わらず同様の結果が得られるのに対して、現になされているコミュニケーションの内容が社会支配指向をもたらすのであれば、ローカルなインターネット文化により言語ごとに異なる影響が見られるかもしれない。

なお、このようなインターネットと右翼傾向の結びつきは、日本に特有か、少なくとも普遍的ではない可能性がある。インターネットの使用と移民に対する排外主義との関係を扱った藤田（2011）では、日本のサンプルではインターネットの使用と排外主義の間に正の相関があったのだが、アメリカのサンプルではインターネットの使用と排外主義の間には負の相関があることを示している。したがって、排外主義の背景にあるかもしれない社会支配指向や、排外主義と関係の強いレイシズムにおいても、日本で得られた結果がアメリカでも得られるかは、疑問である。日本語インターネットのローカルな文化が右翼傾向と関連しているのかもしれない可能性が高い。この点については、日本と英語圏や他の言語圏でのインターネットの使用と右翼傾向の関係を検討し比較する研究が必要である。

ローカルな文化の発生源として示唆されるのは、匿名掲示板の2ちゃんねるである。藤田（2011）、辻（2009）は、インターネットユーザーにおける排外主義には、とくに2ちゃんねるの影響があると指摘している。本研究では、インターネット一般の使用時間を指標としているのだが、インターネットというのは多種多様なサイト・サービスを含んでいるため、すべてを同一に扱うことはできない。そこで、研究7において、インターネットの使用目的および使用サイト・サービスごとの影響を検討する。

また、本研究は相関研究であり、必ずしも因果関係を明らかにすることのできるものではない。そのため、以下の点に留意する必要がある。

まず、インターネットの利用と社会支配指向の相関は、直接の因果関係によるものではない可能性もある。インターネットの利用経験や利用意向（利用したことがあるか否かを問わず、今後利用する意向があるか否か）と主に税負担に関する項目で測定した平等主義との負の相関の存在を明らかにした佐藤ら（2003）によれば、年収や都市規模を統制したときには、利用経験は平等主義に対する有意な効果を持たず、また利用意向から平等主義への効果も小さなものであった。本研究で用いられたサンプルは単一の大学の学生サンプルであり、回答者のバックグラウンドは比較的類似していると考えられるが、今後の研究では家庭の社会経済的地位なども考慮する必要があるだろう。

次に、インターネットの使用とレイシズムの間の正の相関が、前者から後者への影響によるとすることは、理論的に仮定されたものであって、実証されたものではない。したがって、インターネット上に蔓延するレイシズムが、レイシズムの強い人をインターネットに引き寄せ、レイシズムの弱い人にインターネットを敬遠させているという可能性も、排除できない。こうした点は、今後縦断的調査を行うことによって、解明されるべき問題である。

また、因果関係の方向性やあるいは直接の因果関係があるか否かに関わらず、インターネットの使用と社会支配指向の間に相関が見られることは、インターネット上のコミュニケーションがなぜ敵意に満ちたものになりがちなのか（荻上 2007; Ybarra & Mitchell, 2008）を理解する上で有益かもしれない。本書のテーマからはずれるが、この点も解明を試みる価値があるだろう。

他のメディアと右翼傾向

テレビの視聴時間は、心理指標の中では古典的レイシズムとの間にのみ有意傾向の正の相関があったのだが、構造方程式分析では、直接の効果は有意ではなかった。国外の研究（Dixon & Linz, 2000）では、黒人は犯罪の加害者として過度に頻繁に登場することが示されているのだが、このような古典的レイシズムを強めるようなバイアスは、日本のテレビにはないのかもしれない。あるいはそのような傾向があったとしても、それがレイシズムを強める効果は、少なくとも大学生においては、検出できないようである。また、ガーブナーら（Gerbner et al., 1982）は、テレビが〝危険で卑劣な世界観〟を視聴者に与える可能性を指摘しているが、この世界観が右翼的権威主義をもたらすという効果も、検出できなかった。したがって、少なくとも日本の大学生が試聴する番組と時間の範囲内では、テレビは右翼的権威主義をもたらさないと考えることができる。

また、新聞の講読は、心理指標の中では右翼的権威主義との間にのみ相関があった。本研究では講読している新聞の種類を考慮していないことを考えると、この相関は新聞社ごとのイデオロギー的な傾りによるものではなく、新聞自体が権威的なメディアであることに関係しているのかもしれない。ただし、新聞はテレビに比べて、新聞社ごとにイデオロギー的なニッチを占める傾向が強く、また通常は家庭ごとに新聞の購読契約を結んでいるため、家庭におけるイデオロギーやレイシズムの伝達を考える上では、講読する新聞社ごとの分析も必要であろう。

感情温度に対するイデオロギーの影響

二つの保守的イデオロギーのうち、感情温度に影響したのは社会支配指向のみであった。感情温度への影響については、ダキットとジブレイ（Duckitt & Sibley, 2007）は、社会支配指向は〝軽蔑できる外集団〟への態度をよく予測するのに対して、右翼的権威主義は〝危険な外集団〟への態度をよく予測するとしている。したがって本研究の結果は、在日コリアンが物理的な脅威をもたらす〝危険な外集団〟であるよりは、社会的に低く位置づけられた〝軽蔑できる外集団〟であることを反映していると考えられる。

レイシズムの性差におけるイデオロギーの役割

本研究では、研究4で見られたレイシズムの性差が、イデオロギーの性差に起因する可能性も検討している。女性の方がレイシズムが弱いという先行研究（Johnson & Marini, 1998; Sidanius et al., 1994）と一致した結果は、本研究でもレイシズムの三つの指標すべてで見られている。しかし、構造方程式分析の結果によれば、性別からレイシズムへの直接のパスはいずれも有意ではなく、社会支配指向を介して、間接的にレイシズムに影響を与えていた。社会支配指向が女性の方が弱いというのは通文化的な性質である（Sidanius et al., 1994）が、在日コリアンへのレイシズムにおいても、この性差が重要な役割を果たしていることが分かった。

4―2　研究7　インターネットの何がレイシズムに関わるのか？

本節では、前節の分析をさらに進め、インターネットの使用のうちどのような目的によるものが、あるいはどのようなサイト・サービスの利用が、右翼傾向と関わっているのかを明らかにする。

分析の結果、右翼傾向の一部と正の結びつきがある利用形態と、負の結び付きがある利用形態が特定される。

4―2―1　問題と目的

研究6では、インターネットの使用は社会支配指向や現代的レイシズムと関連があり、また古典的レイシズムも強める傾向があることが示された。

しかしながら、インターネットというのは、多種多様なサイトやサービスを含むメディアである。したがって、そうしたもののうち何がとくに社会支配指向やレイシズムに関わっているのかを明らかにしなければならない。

そこで本研究では、インターネットの利用目的ごとの使用時間と、インターネットの利用サイト・サービスごとの使用時間を回答者に尋ね、それらのうち何が社会支配指向やレイシズムと結びついているのかを明らかにする。

インターネットの利用目的としては、リー（Lee, 2006）などの先行研究にならい、情報の収集、娯楽、コミュニケーション、教育・学習に大別した。

インターネットのサイト・サービスとしては、メールの読み書きの他に、いくつかの項目を設けた。まず、インターネットのニュースサイトを信用する人ほど現代的レイシズムが強いというメリカンとディクソン（Melican & Dixon, 2008）の知見が在日コリアンでも当てはまるかを検証するために、新聞社やテレビ局の運営するニュースサイト（以後、〝ハード・ニュースサイト〟と呼ぶ）と、それ以外の〝ロケットニュース〟や〝ガジェット通信〟などの新興ニュースサイト（以後、〝ソフト・ニュースサイト〟と呼ぶ）の閲覧時間をたずねた。また、研究6で考察したようなインターネット上のコミュニケーションの何らかの性質が影響している可能性を考慮して、ブログの閲覧、自分が管理するブログやウェブサイトの編集、Twitterの閲覧・投稿、SNSの利用についてもたずねた。さらに研究1でレイシズムとの関係が示唆された2ちゃんねるおよび2ちゃんねるまとめブログの利用と、比較用の2ちゃんねる以外の掲示板についても、それぞれ項目を設けた。

4―2―2　方法

二〇一三年六月に、東京都内の大学の三つの授業時間を用いて、質問紙を実施した。回答者の合計は286名で、男性136名、女性150名と、男女ほぼ同数のサンプルであった。年齢の平均は19・2歳

（SD = 0.9）であった。

質問紙は、他の研究と同様〝一般的な大学生の意見を調べるための調査〟として実施され、後日研究の目的について説明が行われた。

調査に参加した学生には報酬として授業成績への加点が行われたが、それ以外に参加しないことによる不利益はなく、回答はいつでも放棄できることを告知した後、調査を開始した。また、加点のための記名用紙は質問紙本体とは切り離して回収され、調査そのものは完全な匿名で行われた。

質問紙の質問1では、研究6で和訳した社会支配指向尺度（Pratto et al., 1994）16項目を7件法で問うた。質問2では、研究4で明らかにされた因子構造をもとに、在日朝鮮・韓国人に対する古典的レイシズム尺度六項目および現代的レイシズム尺度四項目を、この順に7件法で問うた。質問3は、感情温度計であった。

質問4では、インターネットの使用目的別使用時間を問うた。具体的な質問としては、〝インターネットの使用目的を、①情報の収集、②娯楽、③コミュニケーション、④教育・学習の四つに分類するとします。あなたは平均して一日にどのぐらいの時間を、それらに費やしますか？　分単位でお答え下さい〟というもので、各項目について回答を求めた。また、インターネットの使用には携帯電話を用いたメールやSNS、携帯電話専用サイトの閲覧なども含まれること、一度に複数の活動を並列的に行っている場合には、その両者に加算すること、という注意書きを設けていた。

質問5では、インターネットの使用サイト・サービスごとの使用時間を問うた。〝あなたは平均して一日にどのぐらいの時間、以下の活動を行いますか？　それぞれの活動にかける時間をお答え下さい。

分単位でお答え下さい〟という質問であり、質問4と同様、一度に複数の活動を行っている場合にはそれぞれに時間を加算するように求めた。項目は11項目であり、〝メール（E-mail、携帯用メールなど）を読む〟、〝メール（E-mail、携帯用メールなど）を書く〟、〝新聞社やテレビ局が運営するニュースサイトの閲覧〟、〝上記以外のニュースサイト（ロケットニュース、ガジェット通信など）の閲覧〟、〝ブログの閲覧（マイクロブログのTwitterを除く）〟、〝自分が管理するブログ、Webサイトの編集（Twitter、掲示板を除く）〟、〝Twitterの閲覧・投稿〟、〝Facebook、mixi、LINEなど、友人・知人とのコミュニケーションを主な目的とするインターネットサービス（SNS）の利用〟、〝掲示板サイトの2ちゃんねるの閲覧および書き込み（2ちゃんねるまとめブログを除く）〟、〝2ちゃんねるまとめブログ（2ちゃんねるの投稿を転載するブログ形式のWebサイト）の閲覧及びコメントの書き込み〟、〝2ちゃんねる以外の掲示板の閲覧・書き込み〟のそれぞれについて、分単位で回答を求めた。

最後に、年齢、性別、国籍（〝日本国籍〟を含む四択）を問うた。

4―2―3　結果

日本国籍であると回答しなかった4名を分析から除外し、残る282名を分析した。社会支配指向については、削除した時にαが向上する項目二つを削除し、残りの14項目の平均値を用いた（$\alpha = .73, M = 3.7, SD = 0.8$）。古典的レイシズム（$\alpha = .78, M = 2.4, SD = 1.1$）および現代的レイシズム（$\alpha = .84, M = 3.3, SD = 1.3$）については、全項目の平均値をそれぞれ用いた。感情温度は、$M = 59.1, SD = 21.8$であった。

インターネットの利用についての質問は、正規分布からはずれていたため、それぞれ中央値を示す。

目的別では、〝情報収集（Me = 30）〟、〝娯楽（Me = 40）〟、〝コミュニケーション（Me = 60）〟、〝教育・学習（Me = 20）〟であった。使用サイト・サービス別では、〝メールを読む（Me = 10）〟、〝メールを書く（Me = 10）〟、〝ハード・ニュースサイト（Me = 5）〟、〝Twitter（Me = 30）〟、〝SNS（Me = 30）〟となり、〝ソフト・ニュースサイト〟、〝ブログ〟、〝自分のサイト〟〝2ちゃんねる〟〝2ちゃんねるまとめブログ〟、〝掲示板〟では、半数以上が0分と回答した。

そこで、インターネットについての質問への回答には、以下の変換を行った。目的別利用時間は、対数変換（$\log_{10}[x+1]$）を行った。サイト・サービス別の利用時間は、半数以上が0と回答した6項目および41・5%が0分と回答した〝ハード・ニュースサイト〟についてはまったく見ない／見るの二値変数とし、それ以外の項目については対数変換（$\log_{10}[x+1]$）を行った。なお、〝一日中〟という回答に対しては、720分を与えた後、前記の処理を行なった。

目的別の使用時間と年齢、性別、四つの心理指標の相関を、表4・2・1に示す。

年齢は、古典的レイシズムとのみ正の相関があった。性別は、心理指標との間に研究6と同様の相関が見られたほか、女性の方がコミュニケーション目的の利用が多く、情報収集目的の利用が少なかった。また娯楽目的の利用も少ない傾向があった。

インターネットの利用目的別の利用時間同士の間には、多くの組み合わせで正の相関が見られ、積極的にインターネットを使う学生は様々な目的に用いていることを伺わせた。

心理指標と使用目的の相関では、社会支配指向では情報収集と正の、教育・学習と負の相関が見られた。感情温度では、コミュニケーションとの間に正の相関が見られた。

次に、心理指標のそれぞれについて年齢、性別、目的別の利用時間を説明変数として重回帰分析を行った結果を、表4・2・2に示す（VIFs<1.26）。ただし、インターネットの目的別使用時間の中に社会支配指向を予測する変数があり、社会支配指向を介したレイシズムへの影響が考えられるため、レイシズムの3指標を従属変数とした分析では階層的重回帰分析を行なった。すなわち、社会支配指向を含ま

表 4.2.1　インターネットの使用目的別使用時間との相関

	性別	社会支配指向	感情温度	古典的レイシズム	現代的レイシズム	情報収集	娯楽	コミュニケーション	教育・学習
年齢	.02	.05	.04	.14*	.09	.03	-.03	.00	.01
性別(女性)		-.32***	.20***	-.19***	-.28***	-.13*	-.12†	.13*	.01
社会支配指向			-.37***	.41***	.32***	.13*	-.01	.00	-.14*
感情温度				-.53***	-.49***	-.04	.03	.13*	.05
古典的レイシズム					.53***	.09	-.01	-.07	-.10†
現代的レイシズム						.03	.07	-.06	-.04
情報収集							.25***	.29***	.24***
娯楽								.16**	.16**
コミュニケーション									.09

$^{*}p < .05$, $^{**}p < .01$, $^{***}p < .001$, $^{\dagger}p < .1$

表 4.2.2　使用目的別使用時間による重回帰分析の結果

	社会支配指向	感情温度		古典的レイシズム		現代的レイシズム	
		model1	model2	model1	model2	model1	model2
年齢	.05	.04	.05	.14 *	.13 *	.09	.08
性別（女性）	-.32 ***	.19 **	.08	-.19 **	-.07	-.28 ***	-.20 **
情報収集	.14 *	-.07	-.02	.12 †	.07	.00	-.04
娯楽	-.06	.04	.02	-.03	-.01	.06	.08
コミュニケーション	.02	.12 †	.13 *	-.07	-.08	-.04	-.05
教育・学習	-.16 **	.04	-.02	-.12 *	-.06	-.04	.00
社会支配指向	—	—	-.35 ***	—	.35 ***	—	.25 ***
R^2	.15 ***	.06 **	.16 ***	.09 ***	.19 ***	.10 ***	.15 ***
ΔR^2			.10 ***		.10 ***		.05 ***

$p < .05$, $^{**}p < .01$, $^{***}p < .001$, $^{\dagger}p < .1$
数値は標準偏回帰係数

ないモデルを model1、社会支配指向を含むモデルを model2 とした。

　性別は、社会支配指向及びレイシズムの三指標を予測した。また、社会支配指向は、レイシズムの各指標に対する model2 において、有意な効果を持ち、モデルの適合度を改善させた。しかし性別は、感情温度及び古典的レイシズムに対しては、model2 においては有意な効果を示さなかった。そこで Sobel's test を行なったところ、感情温度（$Z = 4.06, p < .001$）、古典的レイシズム（$Z = -4.27, p < .001$）、現代的レイシズム（$Z = -3.37, p < .001$）のいずれに対しても、社会支配指向を介した性別の効果が有意であった。

　次にインターネットの使用時間の効果を検討すると、社会支配指向に対しては、情報収集目的の使用が正の、教育・学習目的の使用が負の効果があった。

　感情温度に対しては、コミュニケーション目的の使用の効果が model1 において有意傾向、model2 において有意な、正の効果があった。

古典的レイシズムに対しては、model1においては情報収集目的の使用が有意傾向の正の効果、教育・学習目的の使用が有意な負の効果を示したのだが、model2においてはいずれも有意ではなかった。そこでSobel's testを行なったところ、情報収集目的の使用（$Z = 2.17, p < .05$）、教育・学習目的の使用（$Z = -2.21, p < .05$）ともに、社会支配指向を介した効果が有意であった。

現代的レイシズムに対しては、model1、model2ともに、有意な効果を示した使用目的はなかった。

次に、使用サイト・サービス別の使用時間について、相関を表4・2・3に示す。ただし、表4・2・1と重複する部分については改めて記載することはしない。

年齢が高いほどメールを書くのに費やす時間が長く、2ちゃんねるまとめブログを見ることが少ない傾向があった。性差は、女性の方がブログを閲覧する回答者が多く、SNSを利用する時間も長い傾向があったが、その一方でソフト・ニュースサイト、2ちゃんねる、2ちゃんねるまとめブログ、掲示板の利用者は少なかった。

サイト・サービス間の相関では、メールを読む時間とメールを書く時間に強い相関が見られた。また、ソフト・ニュースサイト、ブログ、2ちゃんねる、2ちゃんねるまとめブログ、掲示板の各組み合わせ間には有意な正の相関があり、利用者がある程度重なることが分かる。ただし2ちゃんねると2ちゃんねるまとめブログの相関は.38と中程度で、完全に重複しているわけではなかった。また、2ちゃんねるまとめブログの方が2ちゃんねるに比べて利用者が多かった（$\chi^2(1) = 12.77, p < .001$）。

Twitterの利用時間とSNSの利用時間には中程度の正の相関がある一方、Twitterの利用時間は2ちゃんねるの利用および掲示板の利用との間に有意な負の相関があり、SNSの利用時間も2ちゃんね

表 4.2.3　使用サイト・サービス別使用時間・使用の有無との相関

	利用率	7	8	9	10	11	12	13	14	15	16	17
1　年齢	—	.08	.12*	.07	-.03	-.08	.03	.00	-.06	-.02	-.11†	-.10
2　性別（女性）	—	.06	.08	-.01	-.14*	.14*	-.05	.06	.11†	-.22***	-.17**	-.22***
3　社会支配指向	—	.02	-.00	-.04	.07	-.07	-.02	.05	.07	.12*	.08	.08
4　感情温度	—	.08	.19**	-.00	-.13*	.05	-.01	.01	.09	-.12*	-.22***	-.07
5　古典的レイシズム	—	-.03	-.08	.03	.13*	-.04	.03	-.01	-.01	.21***	.16**	.13*
6　現代的レイシズム	—	-.03	-.04	.09	.13*	-.01	.10†	-.01	-.05	.18**	.21***	.05
7　メールを読む	97.5		.79***	.13*	-.04	.04	.05	-.04	.11	-.01	-.05	-.01
8　メールを書く	91.8			.12†	-.09	.03	.10	-.08	.02	-.06	-.06	-.03
9　ハード・ニュースサイト	58.3				.29***	.04	.11	-.01	.01	.16**	.05	-.01
10　ソフト・ニュースサイト	36.1					.19**	.21***	.09	.04	.23***	.28***	.21***
11　ブログ	29.9						.27***	.03	-.01	.16**	.20***	.23***
12　自サイト	9.7							.05	-.03	.11†	.13*	.13*
13　Twitter	78.5								.46***	-.16**	.01	-.16**
14　SNS	93.9									-.11†	.06	-.10
15　2ちゃんねる	14.4										.38***	.40***
16　まとめブログ	26.7											.34***
17　掲示板	12.6											

* $p < .05$, ** $p < .01$, *** $p < .001$, † $p < .1$

＊1行目の番号は1列目の項目番号と対応

るの利用と有意傾向の負の相関があった。

この他に、ハード・ニュースサイトの利用はソフト・ニュースサイトおよび2ちゃんねるの利用と正の相関があった。自分のサイトの編集はソフト・ニュースサイト、ブログ、2ちゃんねるまとめブログ、掲示板のそれぞれの利用と有意な正の相関、2ちゃんねるの利用との間に有意傾向の正の相関を示した。

心理変数との相関では、2ちゃんねるの利用が社会支配指向、古典的レイシズム、現代的レイシズムとの間に正の相関、感情温度との間に負の相関があり、2ちゃんねるの利用者が右翼的であることが分かる。他に利用者が右翼的なサイト・サービスとしては、社会支配指向とのみ相関が見られなかったソフト・ニュースサイトと2ちゃんねるまとめブログが挙げられる。これらのサイト・サービスのいずれも、男性の方がよく利用していた。また、右翼的でない傾向と関連があったのは、唯一、メールを書く時間と感情温度との間の正の相関だけであった。

次に、年齢、性別、利用サイト・サービスごとの利用時間／利用の有無を用いて、各心理指標に対する重回帰分析を行った。今回の分析では社会支配指向を予測する変数が性別のみであり、社会支配指向を介した性別の効果は既に検討済みであるため、レイシズムについての回帰モデルにおいては階層性は考慮しなかった。結果を、表4・2・4に示す（VIFs<2.77）。

社会支配指向に対しては、利用サイト・サービスの効果はいずれも有意ではなかった。項目間の相関では有意であった2ちゃんねるの利用の効果も有意でなかった。なお、2ちゃんねるの利用と社会支配指向の相関は、性別のみをコントロールした偏相関を算出した場合にも、有意ではなかった（$p > .35$）。

一方、感情温度に対しては、メールを書く時間とSNSの利用時間が正の、メールを読む時間と2ち

表 4.2.4　使用サイト・サービス別使用時間・使用の有無による重回帰分析

	社会支配指向	感情温度	古典的レイシズム	現代的レイシズム
年齢	.07	.04	.13 *	.08
性別	-.30 ***	.02	-..00	-.15 *
社会支配指向	–	-.35 ***	.37 ***	.26 ***
メールを読む	.04	-.19 *	.09	.02
メールを書く	.00	.31 ***	-.15 †	-.05
ハード・ニュースサイト	-.08	-.01	-.00	.06
ソフト・ニュースサイト	.04	-.06	.05	.03
ブログ	-.03	.08	-.09	-.02
サイト管理	-.04	-.02	.08	.07
Twitter	.03	-.02	-.01	.00
SNS	.10	.16 *	-.02	-.06
2ちゃんねる	.08	.02	.11 †	.06
まとめブログ	.01	-.21 ***	.09	.17 **
掲示板	.01	.05	.03	-.09
R^2	.13 ***	.24 ***	.24 ***	.19 ***

* $p < .05$, ** $p < .01$, *** $p < .001$, † $p < .1$
数値は標準偏回帰係数

ゃんねるまとめブログの利用が負の、有意な効果を示した。2ちゃんねるまとめブログの利用は、現代的レイシズムに対しても有意な正の効果を示した。古典的レイシズムに対しては有意な効果を示したものはなく、2ちゃんねるの利用が正の、メールを書く時間が負の、有意傾向の効果を示した。

4—2—4　考察

使用目的別の分析

使用目的別では、情報収集に費やす時間が長いほど社会支配指向が強いことことが示された。このことは、インターネットで情報収集をしようとする学生ほど、研究1で示したような差別的な〝情報〟に遭遇しやすいことを示しているのかもしれない。あるいは、社会支配指向が強く世の中を競争の場と考える学生ほど、他者の上位に立とうとして日頃から情報収集を怠らないということを示しているのかもしれない。

一方、教育・学習に費やす時間が長いほど、社会支配指向が弱かった。こうした目的のためにどのようなサイト・サービスが用いられているのか本研究では明らかにしていないが、例えば外国語学習のために外国語のサイトを閲覧したりすることが、多様な情報との接触をもたらし、好ましい影響を与えている可能性がある。あるいは、好奇心や知的探究心に関わるパーソナリティ次元である経験への開放性が保守主義と負の相関がある（Goldberg & Rosolack, 1994）ことが関わっているのかもしれない。つまり、経験への開放性が高い学生は教育・学習のために費やす時間が長く、かつ保守的傾向が弱いことが関わっているのかもしれない。ただし、エーケハンマルら（Ekehammar, Akrami, Gylje, & Zakrisson, 2004）によれば社会支配指向はパーソナリティでは調和性の次元とのみ関わり、経験への開放性とは関わっていないため、日本でも同様なのであれば社会支配指向における差を説明することはできない。

情報収集目的の利用時間と教育・学習目的の利用時間は古典的レイシズムに対しても効果を示したが、それは前述の社会支配指向への効果を介してであった。したがってこれらの利用目的と社会支配指向の関連性がどのようにもたらされるのかを明らかにすることで、インターネットの利用が古典的レイシズムを強めることへの対処法を明らかにすることができるかもしれない。

また、コミュニケーション目的の利用は、感情温度を高める効果があった。このことは、他者との好ましい関係により在日コリアンへの態度も好転することを示しているのかもしれないし、あるいは、パーソナリティの調和性が高い回答者は偏見が弱く（Ekehammar et al., 2004）、かつコミュニケーション目的の利用に積極的であることによるのかもしれない。

2ちゃんねると2ちゃんねるまとめブログ

サイト・サービス別の分析では、ユーザーが右翼的であったのは、2ちゃんねる、2ちゃんねるまとめブログ、ソフト・ニュースサイトであった。重回帰分析によりそれぞれの効果を検討したところ、2ちゃんねるまとめブログの利用が感情温度および現代的レイシズムに有意な、2ちゃんねるの利用が古典的レイシズムに有意傾向の効果を示し、それぞれ強いレイシズムと関連していた。つまり、2ちゃんねると2ちゃんねるまとめブログは、右翼傾向のそれぞれ異なる側面に対して効果を示した。

こうした違いは、2ちゃんねるに掲載される情報と、2ちゃんねるまとめブログに掲載される情報の違いがもたらすものかもしれない。2ちゃんねるまとめブログは、2ちゃんねるの投稿の一部を取捨選択し、より面白く見えるように編集したものである。これらのブログの多くでは管理者はアクセス数や広告のクリック数に応じた収入が得られるため、より扇情的な記事に編集しアクセス数を増やす動機が存在する。こうしたブログでは、コリアン（在日とは限らない）の情報はより凝縮され、またブログの性質にもよるが、多くのブログでは、レイシズムに賛同する人が圧倒的多数であるかのようにして提示される。この傾向が、コリアンに対する否定的な感情と現代的レイシズムを肯定するようなもので顕著なのかもしれない。

利用率を比較すると、2ちゃんねるはおよそ七人に一人の利用に留まったのに対して、2ちゃんねるまとめブログでは四人に一人を超える学生が利用していた。年齢が若いほうが2ちゃんねるまとめブログを利用しやすい傾向があるという結果も考えると、この差は本研究のサンプルが学生に限られていたことも影響している可能性はあるが、少なくとも大学生世代において、2ちゃんねるまとめブログがレイシズムへの大きな動線になっている可能性が示唆された。

ただし、2ちゃんねるおよび2ちゃんねるまとめブログは、研究6で使用時間を測定したインターネット一般に比べて、内容が差別的なものに顕著に偏っている。研究6では、レイシズムが日常的に利用するメディアの選択に影響するとは考えにくいとしてインターネットの利用時間からレイシズムへの方向の因果関係のみを考慮したのだが、2ちゃんねるおよび2ちゃんねるまとめブログについては、同様の判断を容易に下すべきではないだろう。つまり、レイシズムが弱い人ほど2ちゃんねるおよび2ちゃんねるまとめブログを回避する傾向があるという因果関係も、今後検討する必要があるだろう。

また、2ちゃんねるの利用と社会支配指向の間には有意な正の相関が見られるのだが、性別を統制すると相関は消失し、重回帰分析においても独自の効果は見られなかった。したがってこの相関は、男性の方が社会支配指向が強く、かつ2ちゃんねるを利用することも多いということによってもたらされたものであると考えられる。

インターネットのニュースサイトとレイシズム

メリカンとディクソン（Melican & Dixon, 2008）はインターネットのニュースサイトを信じるユーザーほど現代的レイシズムが強いことを示している。しかしながら、重回帰分析の結果、ソフト・ニュースサイトの閲覧は、右翼的傾向に対して独自の効果がなかった。この点で、メリカンとディクソン

(Melican & Dixon, 2008)とはやや異なる結果が得られている。こうした違いは、日本の在日コリアンと海外の事例ではニュースサイトでの扱われ方が異なるということを反映しているのかもしれない。一方で、メリカンとディクソンがソフト・ニュースサイト以外の適切な変数を考慮していないことが関連している可能性もある。国外における2ちゃんねるの相似物("Reddit"など)も考慮した分析は、必要であろう。ただし、ソフト・ニュースサイトにおいてもその利用者が右翼的であるという相関があることは、憂慮すべきかもしれない。これらのサイトも2ちゃんねるまとめブログと同様、アクセス数に応じて増減する広告収入により収益を得ているため、ユーザーの好む記事を書く動機があるからである。[3] また、2ちゃんねるのニュース系の〝板〟では、ソフト・ニュースサイトの記事をもとに〝スレッド〟が作成されることも多い(ニュース系の〝板〟の一部では、外部のニュースサイトの情報源がなければ〝スレッド〟を作成できないのだが、ソフト・ニュースサイトであっても情報源として認められている)。したがって、ソフト・ニュースサイトが2ちゃんねるに引用されることで間接的にレイシズムに影響している可能性は、排除できない。

TwitterとSNS

研究1で、Twitterでは差別的な投稿が盛んになされていることを示したが、本研究の重回帰分析では、Twitterの使用時間の独立の効果は見いだせなかった。全投稿に占めるコリアン関係の言説が0.20%に過ぎなかった(研究1)ことを考えると、多くのユーザーは、差別的な投稿に遭遇せずにすんでいるのかもしれない。あるいは、その影響はTwitterの持つ他の性質によって弱められているのかもしれない。例えば、Twitterでフォロワー数の多いユーザーには、在日コリアンであることを明示しているユーザーもいるし、リベラルな学者や政治家もいる。こうした人々の投稿も目にすることが、レイシズムの上昇を抑制しているのかもしれない。あるいは、ソーシャル・メディアで起こることは社会的リアリティの分極化であり（小林 2012）、もともとレイシズムが強いユーザーのレイシズムがさらに強まる一方、もともとレイシズムが弱いユーザーではさらに弱まるため、平均すると効果が見られないのかもしれない。なお、Twitterの利用時間およびSNSの利用時間は、2ちゃんねるの利用との間に有意もしくは有意傾向の負の相関があった。この相関がどのようにもたらされるのかは不明であり、一方を利用することが単に他方を利用する時間を失わせることによるものかもしれないし、あるいはそれぞれにコミュニティを形成しているために他のコミュニティに対しては否定的な態度を抱きやすいことによるものかもしれないが、あらかじめTwitterやSNSに触れることが、2ちゃんねるに対する誘引を弱める可能性はある。

SNSの利用時間は、感情温度を好転させる効果があった。これは、多くの人とコミュニケーションを取る機会があることで、他者に対する寛容な態度が育まれるということなのかもしれない。とくにSNSでは、〝友達の友達〟の投稿を目にする機会が多いのだが、研究8で示すように、〝友達の友達〟が在日コリアンであることは、在日コリアンに対する感情温度にポジティブな影響をもたらす。他の可能性としては、SNSを好んで利用するのは他者に共感し配慮する、パーソナリティの調和性が高い学生であることが関わっているのかもしれない。調和性は、偏見を弱める方向に働く（Ekehammar et al., 2004）からである。ただし、調和性から偏見への影響は社会支配指向を介してであること（Ekehammar et al., 2004)、本研究ではSNSの使用と社会支配指向の間には有意な関連を見いだせなかったことを考えると、調和性の違いのみによる説明は採用しがたい。

メールの使用

メールを読む時間とメールを書く時間は、感情温度に対して真逆の効果をもたらした。メールを読む時間が長いほど感情温度はネガティブであるのに対して、メールを書く時間が長いほど感情温度はポジティブであった。またメールを書く時間は、古典的レイシズムに対しても、有意傾向の負の効果を持った。高比良ら(2006)は、Eメールの使用時間が長いほど敵意的認知が強まることを示している。この研究ではEメールを読むこととEメールを書くこととを区別していないのだが、もしかすると、Eメールを読むことだけが敵意的認知を強め、他者一般に対する感情温度を悪化させるのかもしれない。ただし、そのような影響が見られるメカニズムは不明である。メールを読む時間が長いということは、自分がコミュニケーションを望まない相手からの干渉も多く受け取っているということなのかもしれず、そのことが敵意的認知を強めるのかもしれない。また、不特定多数のアドレスに大量に送信されるスパムメールが韓国から送信されることが多い(Kaspersky Lab, 2013)ことは広く知られており、このことが韓国人、ひいては在日コリアンへの否定的な態度に影響している可能性もある。一方、メールは自己開示や自己呈示が行いやすいため(杉谷 2007; for a review, Valkenburg & Peter, 2009)、メールを書く時間が長いことは自己開示や自己呈示を容易にし、そのフィードバックを通じて社会的包摂感を高め、他者に対する好意的な態度を育むのかもしれない。本研究では、在日コリアン以外への感情温度計を測定していないため、メールを読むことと書くことに関係しているのが在日コリアンへの態度のみなのか、それとも他の様々な対象に対する態度とも関与しているのかは、明らかにはなっていない。したがって、今後そういった観点からの検討も必要となるであろう。また、本研究はパソコンのメールと、携帯メールとの区別をせずに変数を測定した。しかし、パソコンのメールと携帯メールの持つ心理的影響の間には様々な質的・量的な違いがある（小林・池田 2007）ことを考えると、それらを区別した分析も必要であろう。

総じて言うと、インターネットの利用目的および使用サイト・サービスの一部はレイシズムと正の相関があった一方で、逆にレイシズムと負の相関があったものもあった。本研究は横断的調査であり因果関係の向きは不明である。また効果を媒介・調整する可能性のある変数も測定していないため、インターネットの利用がレイシズムを強めたり弱めたりするとしてどのようなメカニズムでそれが生じるのかも、明らかではない。今後、縦断的調査や、適切な変数を組み込んだ調査を行い、こうした相関がどのようにして生じるのかを明らかにする必要がある。また、インターネットの使用がレイシズムに悪影響を及ぼす場合には、その弊害を中和するような方法を明らかにする必要があるだろう。

4―3　まとめ

第4章の二つの研究では、インターネットの使用が右翼傾向（レイシズムおよび保守的イデオロギー）とどう関わっているかを検討した。

研究6では、インターネットの使用が古典的レイシズムと現代的レイシズムと結びつく一方で、感情温度とは結びつかないことを示した。またインターネットの使用は社会支配指向とは結びついていたが、右翼的権威主義とは結びついていなかった。したがって、インターネットの使用と結びついた右翼傾向が、社会の不平等を是認する傾向と、在日コリアンに対するレイシズムの中でも認知的要素の強いものとの複合体であることが示された。

研究7では、インターネットの使用目的および使用サイト・サービスをより詳細に分析した。その結果、先行研究（辻 2009; 藤田 2011）が示した2ちゃんねるの他に、2ちゃんねるまとめブログとソフト・ニュースサイトの利用者も右翼的であることが示された。それぞれの効果を検討すると、とくに2ちゃんねるまとめブログの利用が感情温度と現代的レイシズムに関わっていることが明らかになった。また、メールを読むこととメールを書くことは、それぞれ異なる効果を持ち、メールを書くことはレイシズムの一部の指標を弱める効果があった。さらに、情報収集目的のインターネット利用は社会支配指向に正の効果があり、教育・学習目的の利用は負の効果があった。情報収集目的の利用と教育・学習目的の利用は社会支配指向を介して、古典的レイシズムに対しても効果を持った。

インターネットのどのような側面が、どのようなメカニズムで右翼傾向に影響するのかは、今後より詳細に分析されるべき課題である。

注

(1) このうちの一部は在日コリアンとの接触に関するもので、研究8で用いられた。他に、一般的な政策(在日コリアンとは関わりがない)への態度・信念、宗教的態度に関する質問などが用いられた。これらは本研究の目的とは関わりがなく、いずれも他の研究のために設けた項目であるため、項目の内訳と結果については詳述しない。

(2) 研究4とは欠損値の処理仕方が異なる(研究4では古典的レイシズム・現代的レイシズムのいずれかに欠損値のある回答者をすべて除外していたが、本研究では各尺度の信頼性の計算時にはその尺度に欠損値がある回答者のみを除外している)ため、若干の数字のずれがある。

(3) 通例1000件までの投稿(〝レス〟)を掲載できる、個別の電子掲示板のこと。

第5章　集団間接触によるレイシズムの低減

5―1　研究8　友達、友達の友達の効果

本節では、レイシズムを弱める可能性のある要因として、友達、あるいは友達の友達に在日コリアンを持つことの効果を質問紙法を用いて検討する。

その結果、一部に性差はあるものの、概して直接・間接の接触経験はレイシズムを弱める効果を持つことが示される。

5―1―1　問題と目的

第4章では、レイシズムを強める要因に重点を置き、その中でもインターネットの使用に着目した分析を行った。

しかしながら、レイシズムの動態を考えるときには、逆にレイシズムを弱める要因についても検討する必要があるだろう。とくに、レイシズムが表面化し集団間の葛藤が高まる現状において、その必要性

は高いといえる。

そこで本研究では、レイシズムを弱める可能性のある要因として、集団間接触（Allport, 1954/1979）に着目する。オルポート（Allport）は、集団間で友人関係などの接触（直接接触）がなされることが偏見を低減する可能性を指摘し、その条件として、(1)両者が対等な地位であること、(2)集団間の関係が協力的なものであること、(3)共通の目標を持つこと、(4)権威により支持されたものであること、の四つを挙げた。この仮説についての検証は一九八〇年代末以降盛んになされ、ペティグリューとトロップ（Pettigrew & Tropp, 2006）はメタ分析の結論として、集団間接触は一般的に言って偏見低減の効果を持つこと、またオルポートの挙げた四つの条件は促進要因ではあるものの必要条件ではないことを示している。こうした効果は、人種・民族、性的指向、身体障碍、精神障碍など、様々な次元におけるマイノリティに対する偏見で見られ、子どもから成人まで様々な年齢層にとって有効であることが示されている（Pettigrew & Tropp, 2006）。また縦断的研究によれば、外集団成員と接触することによって肯定的な態度が形成されること、とくにもともと外集団との接触の少ないマジョリティ成員において効果が見られることが示されている（Binder et al., 2009; Feddes, Noack, & Rutland, 2009）。直接接触が偏見を低減するメカニズムとしては、集団間不安の低減（Paolini, Hewstone, Cairns, & Voci, 2004）、自己開示の増加（Turner, Hewstone, & Voci, 2007）などが指摘されている。

偏見の低減という観点から見るならば、直接に交友関係を持つ〝直接接触〟だけではなく、〝友達の友達がマイノリティである〟というような〝拡張接触〟も、考慮する必要がある（Wright et al., 1997）。この効果も、人種・民族的マイノリティ（e.g., Turner et al., 2007）、障碍者（e.g., Cameron, Rutland, &

Brown, 2007)、難民（e.g., Cameron, Rutland, Brown, & Douch, 2006）など様々な対象について、明らかにされている。拡張接触が偏見を低減するメカニズムとしては、集団間不安の低減（Paolini et al., 2004; Turner et al., 2007)、自己開示の増加（Turner et al., 2007)、自己概念がかつて外集団であったものを含むように拡張されること（Turner, Hewstone, Voci, & Vonofakou, 2008）、内集団と外集団の規範の認知が変容すること（Turner et al., 2008)、外集団成員に対する信頼の増加（Hewstone, Cairns, Voci, Hamberger, & Niens, 2006）などが指摘されている。

在日コリアンへのレイシズムに対する影響という観点で見た場合、直接接触と拡張接触は両方ともに重要であるだろう。オールドカマーとニューカマーを合わせても日本の総人口の0.5%に過ぎない在日コリアン（法務省 2015）は、多くの人にとって〝得体の知れない〟存在であり、したがって集団間不安をもたらす存在である。韓国や朝鮮民主主義人民共和国との政治的緊張も、そうした傾向に拍車をかけるであろう。こうした中にあって、直接あるいは間接的な在日コリアンとの接触は、集団間不安を低減し、外集団を包摂する自己概念を形成し、集団間のポジティブな関係の規範を獲得することに効果的であると考えられる。

そこで本研究では、在日コリアンとの直接接触および拡張接触がレイシズムを緩和する可能性を検討する。

また本研究では、この効果の性差を想定した分析を行う。これまでの研究で示したように、在日コリアンへのレイシズムの強度には一般的に性差がある。そのため、それを弱める要因の効果も性差を示す可能性がある。ペティグリューとトロップ（Pettigrew & Tropp, 2006）はメタ分析により、接触による偏見低減効果においては性差は重要な要因ではないと結論づけている。しかし、多くの研究では、扱われている偏見が接触無しの状態で性差が見られないものであったり、あるいは直接接触と拡張接触の一方のみを分析に用いたりしている。また、在日コリアンへのレイシズムという個別具体的な問題に当てはめて考えたときに、先行研究の多数と同じ結果が得られることは保証されていない。

したがって本研究で検証するのは、(1)直接接触と拡張接触は在日コリアンに対するレイシズムを低減する効果があるか、(2)1の効果には性差が見られるか、の二点であり、レイシズムの指標としてはこれまでの研究と同様、感情温度、古典的レイシズム、現代的レイシズムの三つを用いるものとする。

5―1―2　方法

研究4のサンプル2～10を分析に用いた。回答したのは大学生1,185名（男性686名、女性474名、性別無回答25名であり、平均年齢は19・2歳（SD = 2.0）で、このうち日本国籍であると回答した1,140名を分析に用いた。

質問紙は、研究4で示したとおり、最初に古典的レイシズム、現代的レイシズム、感情温度を測定し、その後、在日コリアンとの直接接触・拡張接触の有無を問うた。直接接触を問う設問としては、〝あなた自身に在日朝鮮人の友人（男性）がいる〟に対し、〝はい〟か〝いいえ〟の二者択一で回答を求めた。〝男性〟の部分を〝女性〟に替えた設問も加え、二つの設問で測定した。

拡張接触については、〝友人（男性）に在日朝鮮人の友人（男性）がいる〟に対する回答を求めた。二つある〝男性〟の語の一方もしくは両方を〝女性〟に差し替えた設問も含め、計四つの設問で測定した。

接触の相手および接触を仲介する者の性別を測定したのは、どのような相手との友人関係が最も重要な役割をはたしているのかを明らかにするためであった。分析する接触経験を友人関係のみに限定したのは、これまでに行われた集団間接触の効果の研究はもっぱら友人関係の効果の検討に集中しており、〝接触〟と〝友人関係〟がほぼ同義語として用いられている（Binder et al., 2009）ことによる。したがって本研究では、〝近隣の住民〟〝友達以外の単なる同級生〟のような接触経験については検討しない。

5―1―3　結果

まず在日コリアンとの接触の有無についてのクロス集計表を表5・1・1に示す。接触の各指標に加えて、直接接触があるか（直接接触の項目で1項目以上に〝はい〟と回答したか）および拡張接触があるか（拡張接触の項目で1項目以上に〝はい〟と回答したか）について、男女別に示した。男女で接触の有無に有意差があったのは四つの指標についてであり、男性の方が〝男性との直接接触〟および〝男性を介した男性との拡張接触〟が多く、女性の方が〝女性との直接接触〟および〝女性を介した女性との拡張接触〟が多かった。つまり、直接接触は同性とのものが、拡張接触は同性を介した同性とのものが、他のものに比べて多くなされていたことになる。総合的な接触経験の有無では、男女差は見られなかった。

直接接触があると回答したのは回答者の18.1％、拡張接触があると回答したのは21・7％と、拡張接触の方が多かった（$\chi^2(1) = 4.46, p < .05$）のだが、いずれにせよ大半の学生は在日コリアンとの接触経験を持たなかったことになる。

次に接触経験がレイシズムに与える効果を検討するのだが、六つの指標で測定した接触経験は、直接

表 5.1.1　接触の有無の性別によるクロス集計表

	男性との直接接触***		
	ある	ない	合計
男性	95	573	668
女性	37	430	467
合計	132	1,003	1,135

	女性との直接接触***		
	ある	ない	合計
男性	57	612	669
女性	69	396	467
合計	126	1,010	1,136

	男性を介した男性との拡張接触**		
	ある	ない	合計
男性	109	559	668
女性	48	418	466
合計	157	977	1,134

	男性を介した女性との拡張接触		
	ある	ない	合計
男性	67	600	667
女性	39	427	466
合計	106	1,027	1,133

	女性を介した男性との拡張接触		
	ある	ない	合計
男性	53	614	667
女性	44	422	466
合計	97	1,036	1,134

	女性を介した女性との拡張接触***		
	ある	ない	合計
男性	65	602	667
女性	78	388	466
合計	142	990	1,133

	直接接触		
	ある	ない	合計
男性	121	548	668
女性	86	381	467
合計	206	929	1,135

	拡張接触		
	ある	ない	合計
男性	141	527	668
女性	105	361	466
合計	246	888	1,134

接触同士で$r = .33$、拡張接触同士で$.36 \leq r \leq .57$と、相互に中程度の相関があり、かつ上述のように〝はい〟と答えた回答者の数が限られているため、それぞれ独立に分析するのが困難であった。そこで、6項目をそれぞれ独立に分析に用いるのではなく、〝直接接触がある／ない〟〝拡張接触がある／ない〟の二つの変数を用いて、以降の分析を行うものとする。

まず、各変数間の男

表 5.1.2　デモグラフィック変数，レイシズム，接触の相関

	年齢	感情温度	古典的レイシズム	現代的レイシズム	直接接触（あり）	拡張接触（あり）
年齢	—	-.07	.06	.06	.06	.05
感情温度	-.04	-	-.60***	-.40***	.23***	.17***
古典的レイシズム	.09*	-.55***	—	.56***	-.12**	-.08*
現代的レイシズム	.12**	-.45***	.50***	—	-.08*	-.02
直接接触（あり）	.12**	.17***	-.11*	.06	—	.60***
拡張接触（あり）	.07	.23***	-.14**	-.16***	.57***	—

上段／男性，下段／女性

*p < .05, **p < .01, ***p < .001

女別の相関を表5・1・2に示す。年齢が高いほど古典的レイシズムと現代的レイシズムが強いという相関が女性では有意であった。また、年齢が高いほど直接接触が多いという相関も、女性で有意であった。男性ではいずれも有意ではないものの、方向性としては同一であった。

レイシズムと接触経験の相関では、ほとんどの組み合わせで、直接接触あるいは拡張接触がある方がレイシズムが弱いという相関が見られている。ただし、男性では拡張接触と現代的レイシズムの相関は有意ではなく、女性では直接接触と現代的レイシズムの相関が有意ではなかった。

また、ペティグリューら（Pettigrew, Christ, Wagner, & Stellmacher, 2007）と同様、接触経験同士の間にも中程度の正の相関が見られている。

次に、重回帰分析により接触がレイシズムに対して持つ効果を検討するのだが、この際接触の効果に性差がある可能性を考慮し、階層的重回帰分析を用いて交互作用を検討する。すなわち、model1では年齢、性別（女性）、直接接触（あり）、拡張接触（あり）のみを強制投入し、model2でステップワイズ法を

表 5.1.3 接触がレイシズムに与える効果：重回帰分析

	感情温度 model1,2	古典的レイシズム model1,2	現代的レイシズム model1	現代的レイシズム model2
主効果				
年齢	-.07 *	.08 **	.09 **	.09 **
性別（女性）	.17 ***	-.20 ***	-.14 ***	-.12 ***
直接接触（あり）	.15 ***	-.09 *	-.06	-.13 **
拡張接触（あり）	.11 **	-.05	-.04	.06
交互作用				
性別×直接接触	—	—		.11 *
性別×拡張接触	—	—		-.15 **
R^2	.09 ***	.06 ***	.036 ***	.043 ***
ΔR^2				.01 *

* $p<.05$, ** $p<.01$, *** $p<.001$
数値は標準偏回帰係数

用いて性別と直接接触、性別と拡張接触のそれぞれの交互作用項を投入する。結果を表5・1・3に示す。

年齢は、すべての指標でレイシズムを強める有意な効果があった。女性は、男性に比べてレイシズムが弱かった。

接触の効果を検討すると、直接接触はすべての指標でレイシズムを弱める効果があったが、拡張接触は感情温度のみを好転させた。

ただし、現代的レイシズムに関しては、交互作用がいずれも有意であり、それらを投入することでモデルが改善した。

そこでこれらの交互作用の単純傾斜を検討する。まず、接触経験がいずれも無いときには、女性の方が現代的レイシズムが弱かった（β=-.12, $p<.001$）。さらに、男性では直接接触が有意に現代的レイシズムを弱めた（β=-.13, $p<.01$）が拡張接触の効果は有意ではなかった（β=.06, $p>.25$）。一方女性では、拡張接触が有意に現代的レイシズムを弱めた（β=-.16, $p<.01$）が、直接接触

の効果は有意ではなかった（β=.03, p>.60）。その結果、直接接触も拡張接触も経験している場合にはやはり女性の方が現代的レイシズムが弱い（β=-.18, p<.05）ものの、直接接触の経験のみを有する場合には男女差は消失した（β=.08, p>.41）。

5―1―4　考察

本研究では、直接接触（Allport, 1979; Pettigrew & Tropp, 2006）および拡張接触（Wright et al., 1997）が在日コリアンに対するレイシズムに与える効果を検討した。

その結果、直接接触は性別にかかわらず感情温度と古典的レイシズムを好転させ、さらに男性においては現代的レイシズムを弱める効果があった。一方拡張接触は性別にかかわらず感情温度を好転させ、さらに女性では現代的レイシズムを弱める効果があった。したがって、一部に性差は見られるものの、在日コリアンとの接触経験は概してレイシズムを和らげる効果があった。

とくに、直接接触が効果を持つことが多かった。現代的レイシズムについてのみは、女性では直接接触の効果は有意ではなかったのだが、この理由を明らかにするためにはさらなる研究が必要である。

現代的レイシズムを拡張接触が弱める効果は、女性でのみ見られ、男性では見られなかった。これは、男性の方がベースラインとなるレイシズムが強く、間接的な友人ではそれを和らげるような効果が無いのに対して、直接友人となり深く交流した場合には、相手に対する情緒的な結びつきが認知を変容させるということを表しているのかもしれない。

もっとも、本研究で示された性差は、接触の相手の違いや、接触の内容の違いによってもたらされたものかもしれない。男性も女性も、同性との直接接触、同性を介した同性との拡張接触が、異性に比べて多かった。したがって、接触の対象となる在日コリアンや接触を仲介する友人の行動がその性別により異なることが、レイシズムへの影響の違いをもたらしたのかもしれない。例えば、女性の方が友人の在日コリアン（女性）の話を別の友人に頻繁に、あるいは肯定的に語る傾向があり、そのことが拡張接触が女性に対してより有効であるという結果をもたらしたのかもしれない。

いずれにせよ、直接接触も拡張接触も、男女ともに限定的な範囲でしか行われていない。日本の総人口の 0.5%に過ぎない在日コリアン（法務省 2015）は、接触がないがゆえに、〝得体の知れない他者〟として扱われている側面もあるだろう。在日コリアンと日本人との交友の機会を増やすことは、レイシズムの低減の有効な手立てとなりうる。ただし、直接接触を通じてレイシズムを低減する努力を、日本人よりはるかに少ない在日コリアンに対して求めることは、それ自体差別的でありうる。感情温度と女性における現代的レイシズムの場合には、拡張接触が効果的であるため、在日コリアン自身ではなく、在日コリアンと交友のある日本人の努力（在日コリアンの友人とのポジティブな体験を日本人の友人に話すことなど）によって、レイシズムを緩和できる余地がある。しかし、拡張接触が効果を持たない古典的レイシズムや男性における現代的レイシズムの場合には、レイシズムを緩和する方略を提言するのは、本研究からは困難である。これらの場合に、どのような条件が満たされれば拡張接触がレイシズムを緩和しうるのかを明らかにし、より効果的な接触の方略を探る研究が必要であろう。

なお、本研究にはいくつかの限界点がある。一つには、直接接触／拡張接触の指標に、微小な差異に敏感ではない二値変数を用いざるを得なかったことである。これは、日本においては在日コリアンの人口がそもそも少なく、したがって接触経験がある回答者の比率が小さいと予測されたため、接触人数などのパラメトリック変数を用いたり、接触の質や内容などの変数を導入して測定を複雑にしたりするのが困難であったという事情にもよる。しかしながら、接触には対等な地位、協力的関係、共通目標、権威による支持などの促進要因がある（Allport, 1979; Pettigrew & Tropp, 2006）など、単に友人の有無だけではその質・量を十分に扱うことができない。これらの点も扱えるような、測定上、あるいは分析上の改善を行い、本研究と同じ結果が得られるかを追試する必要はあるだろう。

次に、本研究は学生サンプルに対して実施されたということが挙げられる。大学生にとっての友人となる在日コリアンは、同じ大学生やアルバイト先の仲間などが主だと考えられるため、接触の形態もある程度限られているだろう。しかし、より幅広いサンプルにおいては接触の内容もより多様なものとなり、そのためレイシズムに対する効果も異なってくるかもしれない。また本研究においては、女性では年齢が高まるにつれて直接接触経験者が増えるという結果が得られているのだが、これが大学卒業後の年齢にも延長可能なものであるならば、より高齢のサンプルの方が接触が多くなるだろう。しかし一方では、大学卒業後には年齢が高まっても在日コリアンとの接触は増えないか、あるいは逆に減少する可能性もある。日本の人口に占める在日コリアンの数は決して多くはなく、大学生以外の一般人口においては接触の量は減少する可能性がある。

また、本研究は横断的調査であり、因果関係を明瞭にすることはできない。したがって、接触経験がレイシズムを弱めるという因果関係ではなく、レイシズムが弱いほど接触経験を持ちやすいという可能性もあるだろう。また、パーソナリティなど、接触経験にもレイシズムにも影響する変数がある可能性もある。もっとも、縦断的調査により接触経験から態度へのパスは有効だが態度から接触へのパスは有効でなかったとした研究（Brown, Eller, Leeds, & Stace, 2007）や、接触から態度へのパスも態度から接触へのパスもともに有効であるとした研究（Binder et al., 2009）、実験により接触の効果を示した研究（Cameron & Rutland, 2006; Cameron, Rutland, & Brown, 2007）などもあるのだが、在日コリアンに対するレイシズムにおいても同じことが成り立つのかは、未検証の問題である。とくに、在日コリアンの場合には、通名を名乗り在日コリアンであることを周囲に隠している者も少なくない。そうした人々がレイシズムの強そうな他者に対しては在日であることを明かさず、レイシズムが弱そうな他者に対してのみ明かすことがあるとすると、レイシズムが弱い日本人ほど、在日コリアンの友人がいることを自覚しやすいことになる。したがって、態度から接触へのパスの方がより重要である可能性もある。これらは縦断的調査や実験を用いた今後の検証に委ねられるべき問題である。

第6章　全体考察

6―1　本書の構成と研究結果

本書では、現代の日本社会における、在日コリアンに対するレイシズムの実態を解明することを目的とした。

第2章では、Twitterにおける言説の分析を行い、コリアンがインターネット上でどのように語られているのかを明らかにした。コリアンの語られ方はもっぱらネガティブなものであり、古典的レイシズム、現代的レイシズムを表出する投稿が頻繁に見られた。また、知らしむべき真実が知られされていないという不満が広範に見られ、とくにマスコミに対する不信と、代替メディアとして2ちゃんねるや2ちゃんねるまとめブログに依存する傾向が見られた。また、中国人についての言説や日本人についての言説との比較により、こうした特徴がコリアンに特異的に見られることや、コリアンは日本人について語るときにもっともよく参照される外集団であることなどが示された。

第3章では質問紙調査により、在日コリアンに対する古典的レイシズムと現代的レイシズムの基本的性質を明らかにすることを試みた。古典的レイシズムと現代的レイシズムは、相関はあるものの、異なる現象を予測し、弁別可能な概念であった。さらに、レイシズムは在日コリアンに対する一貫してネガティブな態度・信念を予測するものであり、単なる事実の反映としては捉えきれず、まさしく〝レイシズム〟と呼ぶべきものであることが分かった。二つのレイシズムは黒人に対するレイシズムを予測するのと同じ価値観によって予測されるものであり、基本的な性質において類似していると考えられた。

第4章では、第3章で基本的性質が明らかにされたレイシズムの指標を用い、インターネットの使用とレイシズムの関係を検討した。また、レイシズムの規定要因である二種類の保守的イデオロギー、右翼的権威主義と社会支配指向も分析に用いられた。その結果、インターネットの使用は、感情温度を除く認知的なレイシズムおよび社会支配指向と結びついていることが分かった。さらなる分析の結果、2ちゃんねるおよび2ちゃんねるまとめサイトを利用していること、それにメールを読む時間の長さが、それぞれレイシズムの指標の一部と関わっていることが分かった。

第5章では、集団間の接触がレイシズムを緩和する可能性について検討した。直接の友人関係および友人を介した間接的な友人関係について検討したところ、集団間接触は性差があるものの、概してレイシズムを低減する効果を持った。

次節では、本書で示した八つの研究結果に基づき、在日コリアンに対するレイシズムの構造とそれへの対処について、議論する。

6―2　在日コリアンに対するレイシズムの解明

6―2―1　レイシズムの構造――古典的レイシズムと現代的レイシズム

本論文の研究1では、Twitter における在日コリアンについてのツイートのうち10%強ずつが、古典的レイシズムと現代的レイシズム（Kinder & Sears, 1981; McConahay, 1983, 1986）に関わることを示した。またこれらのツイートのほとんどは、単にレイシズムに関わるというだけでなく、レイシズムを表出したものであった（研究1補足）。研究1において古典的レイシズムと現代的レイシズムが共起しやすかったという結果は、この両者が本当に区別すべき構成概念なのかということに疑念を投げかけるものであったが、確認的因子分析を行った研究4、および両者の予測的妥当性と弁別的妥当性を検討した研究5により、この二つを区別することが妥当であることが確認された。

さらに、価値観のレイシズムへの影響を検討した研究5、インターネットの使用の影響を検討した研究6・7、集団間接触の効果を検討した研究8において、感情温度、古典的レイシズム、現代的レイシズムは、ときに異なる動態を示した。この点でも、レイシズムを一つの指標で測定するのではなく複数の指標で測定し、それぞれの側面について理解を深める必要があることが示されたと言えよう。

これらの研究が示すのは、現代的レイシズム理論（Kinder & Sears, 1981; McConahay, 1983, 1986）を在日コリアンに対するレイシズムに当てはめて分析することの妥当性である。在日コリアンに対するレイシズムという個別具体的な問題は、確かに固有の文脈を持っており、他のレイシズムと完全に交換可能なものではない。例えば、アメリカに住む黒人は人口の13%近くを占めており（Central Intellogence Agency, 2014）、居住国の国籍と参政権を持っている。また黒人も含め多様な移民からなるアメリカは、多民族国家を標榜している。これに対して、在日コリアンは日本の人口のわずか0.5%に過ぎず（法務省 2015）、居住国の国籍と参政権を持たず[1]、韓国と朝鮮民主主義人民共和国という特定の外国と結び付けられることが多い。また、日本が多民族国家であるという認識は、いまだ一般的ではない。そのため、同じマイノリティとはいっても、アメリカに住む黒人と日本に住む在日コリアンとでは、それらを取り巻く言説にも違いがあるだろう。アメリカの黒人に対して、〝帰れ〟という言葉が投げつけられることはおそらく多くはないであろうが、在日コリアンはしばしば〝韓国／北朝鮮へ帰れ〟といった言葉を投げつけられる。また、アメリカにおいて奴隷制度の過去を肯定的に評価することはおそらく困難であるが、日本においては朝鮮半島の植民地支配を肯定的に評価する言葉は政治家や学者の口からもしばしば語られる。こうしたことも、それぞれの集団への態度を異なるものにしうるだろう。

　しかしながら、ステレオタイプや偏見には人間が普遍的に持つ認知や動機の基盤がある（Allport, 1954/1979）。そのため、異なる他者に対する信念や態度が、基本的な構造においては相似しているということはしばしば起こる。例えばカディら（Cuddy et al., 2009）は、ステレオタイプの構造が文化間でおおむね似通ったものであることを示している。また、現代的レイシズムに相当する偏見は、女性（Swim et al., 1995）や同性愛者（Walls, 2008）などについても見出されている。したがって、在日コリアンに対するレイシズムが他の偏見とどのような点で類似しているかを明らかにすることは、すでに蓄積されている知見を活かし、レイシズムに対処しあるいはレイシズムを緩和する方略を見出すうえで、欠かせないものであろう。またそうした類似性を明らかにする試みは、ひるがえって、在日コリアンに対するレイシズムがいかなる意味で他の偏見と異なるのか明らかにすることにも繋がるだろう。

レイシズムを捉える試みには、質問紙によるもの（e.g. Katz & Hass, 1988; McConahay, 1986; Pettigrew & Meertens, 1995）、あいまいな状況での行動によるもの（e.g. Dovidio & Gaertner, 2000; Hodson, Dovidio, & Gaertner, 2002）、反応時間などの潜在的な指標によるもの（e.g. Devine, 1989; Greenwald & Banaji, 1995; Greenwald et al., 1998）など様々な試みがあるのだが、それらを活用してレイシズムの実態にさらに深く迫る試みが、今後なされるべきである。

本書では現代的レイシズム理論を援用して在日コリアンへのレイシズムの解明を試みた。研究4によれば、古典的レイシズムに比べ現代的レイシズムの方が高い得点を示し、この点は現代的レイシズムの方が差別であると自覚されにくいため抑制されにくいというマコナヒー（McConahay, 1986）の主張を支持するものに見える。しかしながら、研究1で古典的レイシズムと現代的レイシズムを表出するツイートがともに少なくない数見られたという結果を考えると、古典的レイシズムが現代的レイシズムに置き換えられて姿を消しつつあるとする見方を採用するのは、困難である。またそもそも、黒人に対するレイシズムについても、現代的レイシズムが本当に〝現代的〟であるのか、古典的レイシズムが本当に〝古典的〟で現在は重要性を失っているのかについての反論もなされている（Leach, 2005）。したがって、在日コリアンに対する古典的レイシズムと現代的レイシズムの歴史的推移を何らかの方法で明らかにする試みも必要であろう。在日コリアンに対するレイシズムを質問紙で測定した過去の研究を見出し、それと比較可能なサンプルを取得するのは困難かもしれないが、ニュース報道や書籍などにおける過去の言説を分析するような歴史学的手法は、可能であるかもしれない。

6―2―2　ソーシャル・メディアにおけるレイシズム

研究1〜3では、最もよく用いられるソーシャル・メディアの一つであるTwitterにおける言説の分析を行った。Twitterの利用者はPCからアクセスする日本のユーザーに限っても一三〇〇万人を超え（関根 2013）、研究7の大学生サンプルでは全回答者の78・5％がTwitterを利用していた。また様々なサイト・サービスとも連携していることから、インターネット上の言説の結節点として、分析に値すると考えられたからである。

まず、コリアン（ここでは、在日コリアンとその他地域に居住するコリアンの両方を含む）についての言説では、マスコミが真実を明らかにしていないという不満がしばしば見られた（研究1）。こうした傾向は中国人についても見られるのだが（研究2）、コリアンに対する場合のほうがより顕著であった。また、コリアンにも中国人にも共通して見られるのは、情報源を2ちゃんねるや2ちゃんねるまとめブログとする傾向であった。したがって、安田（2012）がヘイト・グループの構成員へのインタビューで明らかにした、マスメディアへの不信やネットで〝隠された真実〟を知ったと考える傾向があることは、定量的な検討を行った本書でも確認されたことになる。

伝統的な、権威あるメディアとしてある程度の品質が保たれているマスメディアに疑念を呈し、代わりに匿名掲示板の2ちゃんねるや、その投稿を編集した2ちゃんねるまとめブログを信用するというのは、奇妙なことではある。しかしながら、人間の情報源の選択は、情報源の質に基づいてなされるとは限らない。バランスの取れた情報の提示が最初の信念を強めたり（Kahan et al., 2008; Ross, Lepper, & Hubbard, 1975）、あるいは誤った情報を訂正することがかえってその信念を強めたりすることがある（Nyhan & Reifler, 2010）など、情報源の選択はしばしば、自分の信念に合致するものを選好するように行われる。したがって、たとえ真偽の疑わしいウェブサイトに掲載された情報であっても、ユーザーの持っている偏見に合致する限り、一定の信頼を得てしまうのかもしれない。

レイシズムに関わる流言・デマが〝拡散〟されているという問題を考えたとき、それらが感情を喚起するものであることの効果についても考えなければならない。ヒースら（Heath, Bell, & Sternberg, 2001）は、ミーム[2]（memes; Dawkins, 1976, 日高・岸・羽田・垂水訳 1999）の伝達について、〝感情による淘汰〟が生じることを明らかにしている。すなわち、情報の自由市場においては、より正しい情報が生き残るとは限らず、不快感や怒りなどの感情を強く喚起するものが多くの人によって伝達され、生き延び、発展するというのである。コリアンが日本人を標的とした犯罪を行っている、コリアンが特権を持って日本人を搾取している、という〝情報〟は、感情に強く訴えかけるがゆえに、盛んに流布されているのかもしれない。

感情に訴える〝情報〟を得たときに、他者に伝えたいという衝動に駆られること自体は正常な心理的メカニズムではあるだろうが、それがしばしば有害な流言・デマに搾取されるものであることは、東日本大震災後の流言・デマについて分析を行った荻上（2011）が描きだしている。荻上は、流言・デマについて記録を残し多くの人が閲覧可能な状態にすることで、いわばデマに対する〝ワクチン〟を摂取させ、新たな流言・デマに〝感染〟しにくくさせることを、執筆の理由として挙げている。東日本大震災後の流言・デマの中には、在日外国人、とくに在日コリアンを標的にしたものが少なくなかった。例えば震災直後には、外国人が性犯罪や略奪をしてまわっているという流言・デマが Twitter や Facebook で盛んに〝拡散〟されたし（荻上 2011）、震災の一年後には、コリアンが被災地で行方不明者の戸籍を乗っ取っているという流言・デマが爆発的に広まった。こうした流言・デマに対する〝ワクチン〟を、教育やフォーマル／インフォーマルなメディアを通じて広めることは今後ますます重要になるであろう。また、こうした試みは在日コリアンだけでなく、あらゆる人々に利益をもたらすものとなるだろう（インターネット上の流言・デマは、政治家や芸能人などの著名人を標的にするだけでなく、しばしば一般人を標的にして広められることもある）。

また、コリアンが言及される頻度について検討すると、一般のツイートに占めるコリアン関連ツイートの割合は0・20％と多くはない（研究1）のだが、日本人について言及するツイートでは11・86％と、八回に一回はコリアンに言及していた。この割合は他の様々な国・国民に比べても高く、日本人というカテゴリを明示的に用いるときに最も頻繁に参照される外集団がコリアンであることを示している。こうしたことは、おそらく一〇年前には考えられなかったことであろう。戦後において日本人論が比較対象としてきたのは主に西洋であり、とくに通常想定されてきたのはアメリカであった（吉野 1997）。また、政治・経済分野で最も重要だった他者がアメリカであったことも、論を待たない。この一〇年の間に、日本人は韓流ブームを経験し、日本の経済的停滞を尻目に電機・自動車産業分野などで躍進する韓国を目撃した。こうしたことが、それと並行して起こったレイシズムの隆盛にどのような影響を及ぼしたのか、現段階では明らかではないが、少なくとも現時点において、コリアンは最も重要で、かつネガティブな他者となっている。コリアンに対するレイシズムの問題は、二〇一三年に急速に重要な社会的問題として浮上したが、おそらく今後も、すくなくとも当分の間は、重要な問題であり続けるだろう。

何者かを〝反日〟あるいは〝売国〟とする言説は、コリアンについてのものでは7・6％も見られた。このことは、他者からどのように見られているかについての信念であるメタステレオタイプが、その他者に対する認知に影響する（Vorauer, Main, & O'Connell, 1998）ということを考えると、重要なものである。こうしたメタステレオタイプは、事実に基づいたものであれ、また過剰にネガティブなものであれ、集団間の葛藤を激化させうる。〝反日〟や〝売国〟という言葉は、マスコミや政治家に対しても用いられていた。〝売国〟〝売国奴〟という、戦中を想起させるような言葉を用いていたツイートも、研究1のサンプルでは2,311件（2・10％）にのぼった。こうした言葉は、近年では政治家の口からも聞かれるようになったのだが、自分と政治的姿勢の異なる他者をこのようにラベリングして否定する風潮の蔓延は、日本の将来に大きな影を落とすものであろう。

6—2—3　インターネットの使用と右翼傾向

研究6により、インターネットの使用は、保守的イデオロギーの中でも社会支配指向と結びついており、また現代的レイシズムを強め、古典的レイシズムに対しても有意傾向の効果を持つことが明らかにされた。さらにインターネットの利用目的や利用サイト・サービスごとの詳細な検討を試みた研究7では、インターネットの利用の中でも、右翼的傾向（社会支配指向およびレイシズムの強さ）と結びついているものと、その逆の傾向と結びついているものがあることが明らかにされた。

とくに注目したいのは、藤田（2011）、辻（2009）が排外主義との関係を明らかにした2ちゃんねるに加えて、2ちゃんねるまとめブログの影響が示されたことである。2ちゃんねるまとめブログは、有名なものではひと月のアクセス数が一億件を超える（株式会社ライブドア 2011）など、一大メディアに成長している。研究7のサンプルにおいても、利用率は2ちゃんねるそのものを上回り、四人に一人にのぼった。こうしたサイトの利用が、レイシズムの蔓延に拍車をかけている可能性には、十分警戒しなければならない。2ちゃんねるまとめブログの利用者は、部分的には2ちゃんねるの利用者と重なるのだが、同一ではなかった。これらのサイトは、それぞれ異なるユーザーに訴求しているのかもしれない。あるいは、より広く受け入れられている2ちゃんねるまとめブログが、2ちゃんねるの利用の入り口となっているのかもしれない。こうしたサイトは若者層の手軽な娯楽として重要なものとなってはいるのだが、そこから生じる可能性のある悪影響を緩和するための方策は、検討されるべきである。

なお、2ちゃんねるの利用は、Twitter の利用時間とは有意の、SNSの利用時間とは有意傾向の、負の相関を持った。2ちゃんねるまとめブログではこうした相関は見られなかったのだが、このことは、2ちゃんねるが、コミュニケーション的要素を持つがゆえに利用されている側面があることによるのかもしれない。つまり、2ちゃんねるの投稿を編集して掲載するまとめブログの場合には、そこに掲載されている投稿を読むだけしかできない（コメント欄はあるが、メインのコンテンツではない）のに対して、2ちゃんねるの場合には、他人の投稿に対して自分の意見を投稿したり、逆に自分の意見に対して他人の意見が投稿されたりすることが可能であるし、また〝板〟によっては、そうした会話をすること自体が目的の一つとなっているものもある。こうしたソーシャルな機能は、Twitter やSNSによっても置き換え可能であるため、TwitterやSNSの利用時間と2ちゃんねるの利用の間にはトレード・オフが生じるのかもしれない。TwitterもSNSも、右翼的傾向との間には負の相関が見られたわけではないのだが、今後そうしたサイト・サービスがさらに普及するにしたがって、2ちゃんねるの地位は相対的に低下するかもしれない。しかし、2ちゃんねるまとめブログの場合には、同様のことは見込めないだろう。むしろ、研究1で示したように、Twitterにおいてとくに2ちゃんねるまとめブログをもとにした発言が盛んになされることを考えると、Twitterは2ちゃんねるまとめブログへの導線ともなりうる。

また、ソフト・ニュースサイトの場合には、ユーザーはレイシズムが強いという相関は見られたのだが、重回帰分析の結果、独自の効果は見られなかった。しかし、研究7の考察で述べたように、広告収入で運営されるこの種のサイトは、ユーザーの嗜好に合わせた記事を掲載するという動機を持つ。また、量的な検討がなされたものではないのだが、差別的な情報の流路全体を考えたときには、この種のサイトの役割はより重要であるかもしれない。図6・2・1に、想定される典型的な差別的情報の流路の模式図を示す。

2ちゃんねるのニュース系の〝板〟の一部では、〝ソー

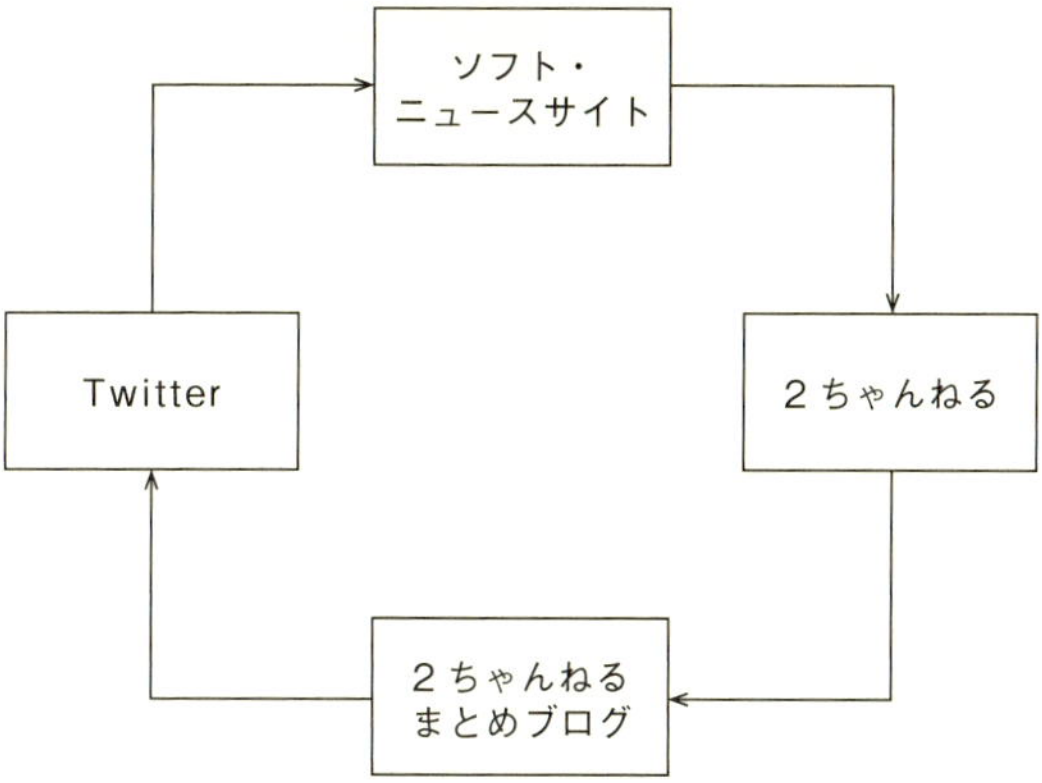

図 6.2.1　差別的情報の流路の模式図

ス〟と呼ばれる外部の情報源の記載なしには、〝スレッド〟を作成することができない。しかしこの〝ソース〟は、テレビ局や新聞社の運営するハード・ニュースサイトの記事以外に、ソフト・ニュースサイトの記事を用いてもよい。したがって、ソフト・ニュースサイトにおける掲載記事の偏りは、それを用いる2ちゃんねるのスレッドの方向性にも、影響を与えうる。2ちゃんねるに掲載された記事は、場合によっては編集され2ちゃんねるまとめブログに掲載され、研究1で示したようにそれがTwitterでも言及されることもある。そして、ソフト・ニュースサイトは独自の取材によらず、Twitterで話題になっているものについて、話題になっているという〝事実〟の記事を掲載することがしばしばある。したがってこの情報の流路は循環するものになっているのだが、この流路を通過する間に、当初はTwitterや2ちゃんねるにおける匿名の書き込みに過ぎなかった〝情報〟が、あたかも事実であるかのように各メディアで言及されるようになることがしばしばある。本論文ではソフト・ニュースサイトの記事の内容やメディア間の依存関係を定量的に検討することは行っていないが、インターネットとレイシズムの関係をより詳細に検討する上で、必要なものであろう。

SNSの使用は、在日コリアンに対する感情温度に有意な正の効果があった。これは、単に他人に対してポジティブな感情を抱いている人ほどSNSを利用しやすいということを反映したに過ぎないものである可能性もあるが、SNSを利用することが直接接触や拡張接触の機会を増やすことで、感情温度を好転させている可能性もある。SNSにおける友人の数や利用の仕方は多様であるため、SNSにおいて集団間接触の機会がある場合に限ってSNSが好ましい効果を持つ可能性もあるだろう。

メールを読み書きする時間は、予測されていなかったことに、メールを書くことと読むことが真逆の効果を持った。これがいかなるメカニズムにより生じるものかは、今後の検討課題である。

6―2―4　レイシズム低減の可能性

本研究からは、在日コリアンに対する偏見を低減できる可能性について、いくつかの示唆が得られた。研究5では、価値観がレイシズムに影響することが示された。プロテスタント的労働倫理は古典的レイシズムと現代的レイシズムを強める一方、人道主義―平等主義はすべてのレイシズムの指標にポジティブな影響があった。プロテスタント的労働倫理は、個人の経済的・社会的成功のために有益なものであるかもしれず、これに介入することは難しいかもしれない。しかし、人道主義―平等主義を醸成する手法は、模索されるべきである。人道主義―平等主義は、信念に基づくレイシズムだけでなく、感情温度にも直接影響したことから、その醸成は、在日コリアン以外の、なじみのないマイノリティに対する特定の信念に基づかない偏見を軽減する可能性もある。もちろん、公教育は価値観を教えることになじまないため、価値観の醸成は家族や友人によるインフォーマルな働きかけによるか、あるいは、人道主義―平等主義を獲得するプロセスが本人にとってもメリットになるような手法を開発し、自発的なコミットメントを得る必要があるだろう。

研究7では、前項の通り、インターネットの使用のうちある種のものがレイシズムを低減する効果を持つことを示した。

また、研究8では、集団間接触がレイシズムに与える影響を検討した。その結果、接触の効果には性差があるものの、全体としてはレイシズムを緩和する効果を持つことが分かった。今後必要なのは、在日コリアンへのレイシズムという個別・具体的な問題において、接触がいかなるメカニズムで影響するのかを明らかにし、より好ましい集団間接触の方法を模索することである。在日コリアンは日本人に比べ遥かに少なく、在日コリアン自身に対してレイシズムを解消する努力を求めることは大変な負担に繋がりそれ自体差別的になりうる。したがって、とくに拡張接触を用いた有効な介入方略を明らかにする必要があるだろう。例えば、拡張接触は集団間接触の物語を読むだけでも効果があること（Cameron et al., 2006; Cameron & Rutland, 2006）が示されているのだが、同じことは日本人と在日コリアンの関係においても成り立つかもしれない。どのような形・内容の拡張接触が効果的に偏見を低減できるのかは、より詳しく検討されるべきである。

また、接触の効果が最も高いのは、集団成員性をほとんど無視して個人的な側面にのみ注目した場合（〝decategorization〟）や、共通のアイデンティティのみに注目した場合（〝common ingroup identity〟）ではなく、共通のアイデンティティに注目しつつ、サブグループの成員性も強調された場合（〝dual identity〟）であるとされている（Cameron et al., 2006）。日本において、在日コリアンがしばしば、コリアンとしてのアイデンティティを放棄して〝帰化（単に日本国籍を取得することに留まらず、〝日本人〟になること）〟することを求められることを考えると、この意味は大きい。すなわち、在日コリアンがアイデンティティを明らかにしつつ（同時に日本の住人であるという共通のアイデンティティも表しつつ）日本人と接触することが、在日コリアンという集団へのレイシズム低減の最も効果的なプロセスであるかもしれないからである（もちろん民族的アイデンティティを放棄して〝日本人〟になることで個人の置かれた状況を改善することは可能であるし、そうした個人の選択肢を否定するものではない）。しかしながら〝日本人〟や

〝国民〟といった頻繁に用いられる名詞は、日本の住民に共通のアイデンティティを表現できるものではないため、いかにすれば二重のアイデンティティを提示できるのかは明らかではない。そうした側面についても、理論的・方法論的精緻化が必要であろう。

6―3 本書の意義

本書は、在日コリアンに対する偏見を定量的に検討したものである。

在日コリアンについての研究はこれまで、植民地支配・歴史的精算に関するものや権利獲得に関するものに集中してきた（金仙花 2008）。こうした差別としてのレイシズムに関わる研究は重要ではあるのだが、それを下支えし、あるいは差別によって正当化され強められる偏見としてのレイシズムは、無視されるべきではない。また、二〇〇〇年代になって表面化した民族間憎悪の問題は、それ自体として検討される価値のある問題である。

このレイシズムの分析の枠組みとして、本書はアメリカにおける黒人へのレイシズムの分析枠組みとして提唱された現代的レイシズム（Kinder & Sears, 1981; McConahay, 1983, 1986）の概念を援用し、そうすることの妥当性を示した。これにより、主にアメリカでなされてきた知見を取り入れ、在日コリアンに対するレイシズムと黒人に対するレイシズムはどの点において類似し、どの点において相違点があるのかを研究することが、一層容易になったと言えよう。

代表的なソーシャル・メディアであるTwitterでのコリアンについての言説の実態を明らかにした

第2章の意義は、いくつか指摘することができる。一つには、質問紙を用いた調査では社会的望ましさの影響を逃れることが難しく、そのためそこで得られる回答と実際の行動が乖離するおそれがあるが、本研究ではインターネット上で実際になされている投稿を用いて、その背景にある偏見を分析していることである。したがって、社会的望ましさがどの程度関わるにせよ、現に公共空間において少なからぬ頻度で偏見が表出されていることが明らかにされているのである。

また、インターネットにおけるレイシズムの性質については、これまでは主として質的な分析がなされてきた（e.g., 安田 2012）。本研究では、計量的な分析により、こうした観察の妥当性を確認することができた。例えば、マスコミに対する不信感や、それに代わるインフォーマルなメディアへの傾倒などである。これらの点を実証的に示すことができたことで、質問紙等を用いた今後の研究の展開もより容易になったと言えるだろう。例えば、マスコミに対する不信感とレイシズムの相関関係を調べる研究や、インターネットを通じて伝播される差別的デマに対する脆弱性を予測する個人差要因の検討などが有益なものになると、示唆される。

さらに、現時点におけるソーシャル・メディア上での言説の特徴を定量的に示すことができたことは、過去における言説の文献研究や、今後のレイシズム言説の動向を監視する研究の道筋をつけるものであるとも言えよう。第2章に掲載した研究は、いずれもインターネット上のTwitterという特定のサービスにおける言説のみを検討したものであるが、他の様々な媒体も含めた言説においても古典的レイシズムと現代的レイシズムという枠組みを用いて分析することは、レイシズムの実相を理解する上で有用であろう。

第3章では、Twitter上の言説の分析だけでは明らかにできない点を検証し、古典的レイシズムと現代的レイシズムを区別して分析することが妥当であり、また単なる事実の認知でなくレイシズムとして捉えるに値することを示した。したがって、質問紙を用いた研究であれ自然言語の分析を行う研究であれ、これらの概念を用いた今後の研究が有用なものになることが期待される。

また、インターネットと右翼傾向の関係を検討した第4章、接触の効果を検討した第5章においては、レイシズムを強める効果を持つ可能性のある要因（それと緩和する効果を持つ可能性のある要因）をいくつか指摘することに成功した。これらの要因とレイシズムの関係については、因果関係の向きなど、本書では未解明の点も多い。しかし、今後の研究により、どのような過程でその相関関係がもたらされるのか、もしインターネットの使用がレイシズムに対して有害な効果を持つとしたらその〝解毒剤〟が何であるのかといったことを明らかにすることができるであろう。本論文はその最初の一歩として、今後の研究を方向づけるものである。

6―4　本書の限界と今後の可能性

本章の最後に、本書に掲載した研究の限界と課題について述べる。

6―4―1　研究のサンプルの問題

本書に掲載した質問紙調査は、いずれも大学生を対象に、授業時間中に行われたものである。したがって、回答者の年齢は20歳前後に集中しており、また社会階層のやや高い家庭の出身者が多いと考えられる。そのため、年齢や社会階層、教育歴などレイシズムに関わりうる多数の変数は、考慮されないか、考慮されるとしても副次的な位置づけに留められている。このような調査方法を取らざるを得なかったのは、在日コリアンに対するレイシズムのような繊細な問題を扱う調査を一般サンプルに対して行った場合、回収率が極端に低くなることが予測されたことによる。しかしながら、研究知見の一般化可能性や統計学的妥当性を考えたときには、学生サンプルを用いた研究知見には自ずと限界がある。例えば、年齢の効果が全年齢層に拡大できるかや、インターネットの使用方法が若年層と異なるであろうより高齢の回答者も含んだサンプルで研究6、7の結果を再現できるか、などの問題がある。これらの疑問に答えるために、一般人口の代表サンプルに対する調査か、少なくともインターネット調査会社のモニター・サンプルを用いた調査が、今後行われるべきである。アメリカでの黒人に対するレイシズムについての研究がそうした努力を行ってきた（e.g., Sears, van Laar, Carrillo, & Kosterman, 1997）ことは、軽視されるべきではない。

6―4―2　横断的調査の限界

本研究に収めた五つの質問紙調査は、いずれも一時点のデータを取得したものであり、因果関係の推定は困難なものである。しかし、インターネットと右翼傾向の関係を検討した研究6、7や、集団間接触とレイシズムの関係を検討した研究8から応用的な提言を導くためには、因果関係を明らかにすることが欠かせない。したがって、これらの研究で用いられた変数について、縦断的調査や実験を行う研究が必要とされる。

6―4―3　現代的レイシズム概念の応用的意義

本書では、現代的レイシズムと古典的レイシズムが在日コリアンについてのレイシズムでも区別できることを示した。

しかし、現代的レイシズムの概念と測定がアメリカにおいて重大な関心事であるのは、単に現代的レイシズムが古典的レイシズムと分離可能であることによってではなく、古典的レイシズムに代わって人種政策への態度など様々な態度を予測することが明らかにされてきたからであった（Kinder & Sears, 1981; McConahay, 1986）。本書では、古典的レイシズムと現代的レイシズムが、そうした政治的態度などを予測するかは、検証されていない。同じアメリカ人であること自体は承認されている黒人に対するレイシズムと、いまだそうした包摂をされていない在日コリアンに対するレイシズムとでは、その問題の有り様も異なっているかもしれない。例えば、在日コリアンが通名を使うか使わないか、〝帰化〟するかしないかといった問題は、日本人に同化するかしないかの問題と捉えることができる。在日コリアンが日本人に同化すること、および同化しないことへの否定的な態度を予測したのは、古典的レイシズムであった（研究5）。したがって、こうした日本において顕著な問題を予測するのは、現代的レイシズムではなく古典的レイシズムであるかもしれない。

一方で、生活保護受給者数が上昇を続け過去最大を更新し続ける（厚生労働省 2013）なかで、在日コリアンが受ける社会保障に対する態度も厳しいものとなっていることが予測され、そうした態度を現代的レイシズムが規定する可能性もある。また、二〇〇〇年代にレイシズムが公然と表明されることが増えた過程を考える上で、より社会的に容認されやすい現代的レイシズムの言説が盛んに流布されるようになり、そのことが古典的レイシズムの復権に道を開いたという可能性もある。こうしたことは、文献の調査などにより、明らかにすることができるかもしれない。いずれにせよ、古典的レイシズムが現代的レイシズムに単純に置き換えられたと解釈することは、困難なように思われる。

6―4―4　Twitter 調査の方法論上の限界

本書で行ったTwitter における言説についての研究は、RSSを用いてデータを収集した。そのために、リツイートの場合に末尾が取得できないという限界があった。また、ここで得られたサンプルは全数でも無作為抽出されたものでもないという限界もあった。すべてのツイートを取得できるAPI(3)を使用し、よりスケーラビリティの高いハードウェア・ソフトウェアを用いれば、もっと大きなデータを用いて分析することが可能であろう。しかしながら、こうした限界がもたらす影響は、おそらくそれほど深刻ではない。それは、抽出の偏りが分析結果に影響を及ぼすためには、抽出されたツイートと抽出されなかったツイートに系統的な差異がなければならないからである。そうしたものが存在する可能性は、無いわけではないにせよ、さほど高くはない。

より重要なのは、データを取得する時期による言説の変化である。日本と韓国、日本と朝鮮民主主義人民共和国の間には、しばしば領土問題や歴史問題を巡って、激しい対立が生じる。こうしたことは、コリアンについての言説を大きく変容させる可能性がある。また、二〇一二年の初夏には、高い収入を得ている芸人の母親が生活保護を受給していたことが問題視され、それと関連して在日コリアンの多くが生活保護を不正受給しているとする言説が盛んに流布された。本論文に収めた三つの研究は、時期の影響を極力排除するために、ある程度長い期間に渡って収集したデータを平均して用いたのだが、より長期間に渡ってデータを取得し、外交上の事件や国内の事件の前後の動態を検討することは、有益であろう。

6―4―5　他の民族・人種集団との比較

本論文の第2章では、コリアンについての言説と中国人についての言説の比較を行い、言説の内容の異同を論じた。しかし、質問紙調査を行った第3章から第5章においては、中国人を含む他の民族・人種集団との比較は行っていない。

古典的レイシズムと現代的レイシズムという二つのレイシズムが混在することは、日本においては特殊な地位を持つ在日コリアンにのみあてはまるという可能性がある一方で、古典的レイシズム／現代的レイシズムに相当する区別が女性（Swim et al., 1995）や性的マイノリティ（Walls, 2008）についても示されていることを考えると、在日コリアン以外の民族・人種集団においても、強度の差はあれ同じようなレイシズムが見いだせる可能性もある。

したがって、他の民族・人種集団についても本論文と同じ枠組みを用いて分析することは、在日コリアンに対するレイシズムにおいて何が特殊で何が特殊でないのかを明らかにすることにも繋がるし、また日本において様々な民族・人種が統合された社会を築く上でも欠かせないものであろう。

6―4―6　態度研究の限界

最後に、本書が偏見、つまり態度の問題を扱ったものであることに起因する限界を述べる。本書では、偏見を低減しうるものとして、価値観の醸成（研究5）やある種のインターネットの利用（研究7）、集団間接触（研究8）などを挙げた。

しかし、態度が行動をある程度まで規定するとしても、それは規範の認知の修飾を受けてのことであり（Ajzen, 1991; Crandall & Eshleman, 2003）、態度そのものの変化を前提とせずとも、社会的規範の形成を通じて行動を変化させることは可能である。また、行動を変化させること自体が、それと合致する方向への態度変容をもたらしうる（Festinger & Carlsmith, 1959）。

したがって、偏見を低減するための介入方法の解明は有意義ではあるものの、同時に法・制度や社会規範により差別を解消していく試みの重要性は、決して軽視されるべきではないだろう。

注

（1）国籍取得（〝帰化〟）したコリアンおよびその子孫は日本国籍と参政権を有していながらしばしば差別と偏見の対象になるのだが、ここではその話は脇に置いておく。

（2）ミームとは、自己複製能力のある文化的要素を遺伝子（gene）になぞらえた用語である。ミームは広義の模倣により繁殖し、突然変異し、環境による淘汰を受け、文化の〝進化〟を引き起こすと考えられている（Dawkins, 1976, 日高・岸・羽田・垂水訳 1999）。

（3）　アプリケーション・プログラミング・インターフェイスの略で、あるシステムの持つ機能やデータを外部のプログラムから利用するために規定されたやりとりのルールを指す。

おわりに

本書のもととなる博士論文の執筆は二〇一三年冬から、年をまたいで二〇一四年春にかけて行われた。また、書籍版に向けての改稿は、二〇一五年初春から初夏にかけて行われた。この執筆・改稿期間中にも、日本政府は韓国・朝鮮民主主義人民共和国との間で様々な論点を巡って対立し、その度にコリアン（在日コリアンも在外のコリアンも含む）が心ない攻撃に晒されてきた。こうした攻撃を抑止すべき立場にある政治家や知識人の多くがむしろ積極的に攻撃に加担してきたことも、否定することはできないであろう。近年、書店には日本を賛美する本と韓国や中国を非難する本を並べるコーナーが設けられるようになった（守 2014）。コリアンや中国人を揶揄し嘲笑することは、一五年前では考えられなかったほど公然と行われるようになっている。

本書は、そうした現実を理解し、介入方法を探る実証研究のための端緒として執筆されたものである。日本人の持つ偏見を緩和し、あるいはこれ以上強めないことは、日本社会の構成者である在日コリアンが平和な生活を送る上で欠かせないものであろう。また歴史的経緯に起因して比較的古くから日本に住まう在日コリアンをテスト・ケースとして、外国籍もしくは外国にルーツを持つ住民一般を日本社会に平和裏に統合する方法を模索することは、少子高齢化が急速に進み近い将来移民を大規模に受け入れることになるかもしれない日本人にとっても、利益の大きいものである。
本研究が、今後日本でレイシズムの研究が盛んに行われる端緒となり、ひいてはレイシズムの解消に貢献できることを願う。

本論文と公刊されている論文の対応

すでに論文として公刊済みの研究については、以下に示す。ただし、議論の焦点の違いから異なる分析を適用しているものや、より適切と思われる分析手法に改めたものがある。

研究1
高史明.（2014）．日本語 Twitter ユーザーのコリアンについての言説の計量的分析．人文研究，183, 131-153.

研究1補足
岸政彦・高史明.（2015）．Twitter におけるコリアンに対するる日本語でのレイシズム言説：高（2014）のさらなる分析．国際社会文化研究所紀要，17, 89-102.

＊本論文の第一著者は龍谷大学社会学部の岸先生であるが、ご好意により許可を得て本書に掲載させていただいた。

研究2
高史明．（2015）．日本語Twitterユーザーの中国人についての言説の計量的分析．人文学研究所報、53, 73-86.

研究3
高史明．（2013）．Twitterにおける〝日本人〟に関する言説の計量テキスト分析．In 日本社会心理学会第54回大会（p. 190）．

研究4
高史明．（2013）．在日コリアンに対する古典的／現代的レイシズム尺度の確認的因子分析と基礎的な検討．人文研究、180, 69-86.

研究5
高史明・雨宮有里．（2013）．在日コリアンに対する古典的／現代的レイシズムについての基礎的検討．社会心理学研究、28（2）, 67-76.

研究6
高史明・雨宮有里・杉森伸吉．（2015）．大学生におけるインターネット利用と右傾化：イデオロギーと在日コリアンへの偏見．東京学芸大学紀要．総合教育科学系、66（1），199–210．
研究7
高史明．（2014）．インターネットの使用形態と在日コリアンへのレイシズム．In 日本社会心理学会第55回大会．
研究8
高史明．（2015）．在日コリアンへのレイシズムに対する集団間接触の効果：男女差を考慮した分析．総合人間科学、3，35–51．

あとがき

本書は、二〇〇八年から二〇一三年にかけて実施した研究をまとめた博士論文に、書籍として刊行するために必要な修正を加えたものである。

研究を開始したとき、在日コリアンへの偏見・差別の問題は、すでに不穏な徴候が明らかであったにも関わらず、ほとんど耳目を集めることはなかった。それは、社会的関心についても、心理学界の関心についても当てはまる。私自身はこれは重要な問題であり、今後一層重要になるであろうと確信していたが、同時に、その重要性が失われていくことも願っていた。

しかし、事態は私の予測さえ遥かに超えて急速に進行した。偏見の露骨な表出は、今ではインターネット上に限られたものではなくなっているし、インターネット外ではプライベートな会話においてのみなされるものでもなくなっている。本書ではとくに紙幅を割いてインターネットと右翼傾向の関係を論じたが、今現在、そして今後のレイシズムの趨勢を考えるうえで、インターネットの影響のみに目を奪われてしまうことも、避けなければならないだろう。政治家や学者などの権威のある人々の影響や、競うように差別的な情報を流すようになった各種メディアの影響にも、今後はメスを入れなければならない。

本書はあくまで、今後の研究を行う上での最初の一歩に過ぎない。資源も機会も限られている中でのたった八つの研究では明らかにならなかった問題はあまりにも多く、それらは私自身と、そして多くの良識ある社会科学者の手に委ねられている。

本書を終えるにあたって、お世話になった方々に、心より御礼申し上げる。

まず共同研究者であり妻である雨宮有里には、公私に渡って幅広い支援を受けた。自身も研究に教育に多忙でありながら、私が心身の健康を損なっている間にも片時も離れることなく長年援助しつづけてくれた彼女には、感謝してもしきれない。在日コリアンに対するレイシズムは重要なテーマであると独り確信していた私が研究を行うことでこうむる困難をともに引き受けてくれた彼女なしには、研究を進めることはできなかった。

私が博士論文を執筆する上で、主査を引き受けてくださったのは東京大学大学院人文社会系研究科の立花政夫先生であった。立花先生は、研究の場や資源を提供してくださったり、ときには温かい励ましの言葉を下さったりもした。博士論文の改稿を重ねる上では、立花先生からの様々なご指摘は欠かせないものであった。

博士論文の副査を務めていただいた東京学芸大学の杉森伸吉先生には、博士論文執筆にあたって、何度も相談に乗って頂いた。また、博士論文の執筆を行なっていた二〇一三年から書籍版として改稿作業を行なっている現在に至るまで、非常勤講師としての講義の合間を杉森先生の研究室で過ごさせていただき、ゼミに所属する学生たちとも楽しい時間を過ごせたことは、大きな励みになった。

同じく副査を務めていただいた東京大学大学院の佐藤隆夫先生、同じく東京大学大学院の横澤一彦先生、関西大学の北村英哉先生にも、御礼申し上げる。先生方が、私が気づいていなかった問題点を指摘してくださったおかげで、論文をより良いものにすることができた。

龍谷大学の岸政彦先生とは、二〇一三年度に共同研究を行った。共同研究者という立場ではあるものの、私にとって初めての大型の予算を頂くことができた。博士論文は、この共同研究プロジェクトのおかげで執筆することができたものである。

関西学院大学の金明秀先生からは、研究4を雑誌に投稿した際、改稿のプロセスにおいて貴重なアドバイスを頂いた。また、レイシズムの問題について考察するための様々な視点を教わった。

また、本研究の初期には、東京大学の唐沢かおり先生、一橋大学の村田光二先生、法政大学の越智啓太先生のゼミに参加させていただき、先生方やゼミの所属学生の皆様から様々なアドバイスを受けることができた。いずれのゼミも民主的で活発な議論がなされる場であり、研究の方向性もこれらのゼミでの議論を受けて徐々に定まったものである。

研究の後期に参加したEASOLA（Education, Anthropology, and Sociology of Language）の片山晶子先生（東京大学）、寺沢拓敬くん（日本学術振興会特別研究員（PD））、嶋内佐絵さん（日本学術振興会特別研究員（PD））、田中祥子さん（東京大学大学院）をはじめとする皆様にもお礼を申し上げる。この研究会には何度か発表の機会を頂き、有益な示唆を得ることができた。とくに寺沢くんからは、本書の第二章の一連の研究を始めるための情報を提供して頂き、また執筆中にも助言を頂いた。

また、研究の最後の段階において組織したSAMIX（Study Association of Minorities and Xenophobia）の石田正平さん（滋賀医科大学）、柳学洙くん（アジア経済研究所）からは、インターネットとレイシズムの関係について、本論文に収めることができたこと以上に深く考察する機会を頂いた。

質問紙調査の実施にあたっては、現身延山大学の森田麻登くん、神奈川大学の杉本崇くん、新井哲也くんも協力してくださった。

書籍版として改稿するにあたり、引用文献の著者名に日本語読みを付すという厄介な仕事は、大阪歯科大学の李嘉永先生が快く引き受けてくださった。

勁草書房の渡邊光さんは、私の研究に早くから目をつけてくださっていた。辛く長い博士論文の準備段階において、執筆後の出版を検討して頂けているということは、非常に励みになった。また、書籍を執筆したことのない私には教わるところは大変多かった（余談ながら、書籍としてだけではなく、論文としての内容についても重要なご指摘をいくつか下さり、さすがは勁草書房の編集者と舌を巻いた）。

本研究は多くの専門家の方々からご助力を頂いたものであるが、専門家ではない方々の私的な貢献も多大であった。とくに、成田大祐さん、島崎亜紀さん、Kevin De Moyaさんは、心身が健康ではなかった私のためにいつも心を砕いて下さった。

ここに名前を挙げた方々は、本書に貢献して下さった方々のすべてではない。学会や研究会などでご助言や励ましの言葉を頂いた方々や、友人・先輩・後輩として支えてくださった方々は枚挙に暇がないし、データの入力やコーディングなどのアルバイトは、非常勤先の学生が快く引き受けてくれた。また、第3章から第5章の質問紙調査には様々な大学の学生たちが協力してくださった。学生たちの中には、ありがたい応援の言葉をかけて下さった方々もいた。ソーシャル・メディア上の友人たち・知人たちからは、研究の専門的な面についても非専門的な面についても、様々な情報提供を受けることができた。

最後に、博士論文を執筆した二〇一三年度には、龍谷大学国際社会文化研究所からの研究助成と、神奈川大学からの「科学研究費申請奨励費」の出資を頂いた。また、二〇一四・二〇一五年度の改稿作業中に改めて行われた分析などのうち、交付を受けた研究課題に必要な部分については、科学研究費基金助成金・若手（B）「インターネットの使用と偏見の関係の実証的研究」（26870662）を用いた。これらは、本書に掲載された研究の一部の実施と、すべての研究の考察を深めるために、欠かせないものであった。

本書と今後の研究により、皆様から受けたご恩に報いることができれば幸いである。

山口智美
斉藤正美
荻上チキ
社会運動の戸惑い
フェミニズムの「失われた時代」と草の根保守運動
四六判　三〇八〇円
65377-5

牧野智和
自己啓発の時代
四六判　三一九〇円
65372-0

モリー・バーンバウム
アノスミア
わたしが嗅覚を失ってからとり戻すまでの物語
四六判　二六四〇円
75051-1

岸　政彦
街の人生
四六判　二二〇〇円
65387-4

＊表示価格は二〇二一年一二月現在。消費税10％が含まれています。

勁草書房刊

高史明（たかふみあき）
1980年生まれ。東京大学大学院人文社会系研究科博士後期課程修了。博士（心理学）。神奈川大学非常勤講師。研究テーマは偏見・ステレオタイプ（特に在日コリアンに対するもの。また、インターネットの使用やイデオロギーとの関連から）。

レイシズムを解剖する

在日コリアンへの偏見とインターネット

2015年 9月25日　第1版第1刷発行
2021年12月20日　第1版第4刷発行

著者　高《たか》　史《ふみ》　明《あき》

発行者　井村寿人

発行所　株式会社　勁《けい》草《そう》書房

112-0005　東京都文京区水道2-1-1　振替　00150-2-175253
（編集）電話 03-3815-5277／FAX 03-3814-6968
（営業）電話 03-3814-6861／FAX 03-3814-6854
三秀舎・松岳社

ISBN978-4-326-29908-9　Printed in Japan

人名索引

バンデューラ　Bandura, A.｜139
ヒース　Heath, C.｜183
樋口耕一｜28, 42
日高敏隆｜183
ヒューストン　Hewstone, M.｜166
ビンダー　Binder, J.｜166, 169, 176
ファーナム　Furnham, A.｜105
ファクラー　Fackler, M.｜12
フェザー　Feather, N. T.｜104
フェスティンガー　Festinger, L.｜198
フェッデス　Feddes, A. R.｜166
フォラウアー　Vorauer, J. D.｜185
フォルケンブルフ　Valkenburg, P. M.｜160
藤田智博｜140-1, 162, 186
ブラウン　Brown, R.｜167, 176
プラトー　Pratto, F.｜89, 100, 104, 124-5, 128, 133
ペティグリュー　Pettigrew, T. F.｜89, 100, 104, 166-7, 171, 173, 175, 181
ホドソン　Hodson, G.｜16, 181

＊ま行
マー　Ma, L. C.｜105
マコナヒー　McConahay, J. B.｜13-7, 27, 88-9, 92-3, 97, 99, 101, 104, 106, 117-8, 179, 181, 191. 195
ミレルズ　Mirels, H.｜104-5, 108, 116
メリカン　Melican, D. B.｜123, 145, 157
守真弓｜201

＊や行
安田浩一｜10, 25, 35, 48, 121, 126-7, 138, 182, 192
山野車輪｜10
吉野耕作｜184

＊ら行
ライト　Wright, S. C.｜166, 173
ラピエール　Lapiere, R. T.｜24
リー　Lee, K. M.｜139, 145
リーチ　Leach, C. W.｜15, 181
ロス　Ross, L.｜183

事項索引

引用文献

Adorno, T. W., Frenkel-Brunswik, E., Levinson, D. J., & Sanford, R. N. (1950). *The Authoritarian Personality*. New York: Harper and Row.

Ajzen, I. (1991). The Theory of Planned Behavior. *Organizartional Behavior and Human Decision Processes*, 50, 179–211.

Allport, G. W. (1954/1979). *The Nature of Prejudice* (25th Anniversary Edition). Cambridge, Massachusetts: Perseus Books.

Altemeyer, B. (1996). *The Authoritarian Spector*. Cambridge, MA: Harvard University Press.

Amazon.co.jp. (n.d.). Amazon.co.jp について www.amazon.co.jp. Retrieved February 24, 2014, from http://www.amazon.co.jp/gp/press/info/home/ref=gw_m_b_pr

朝日新聞. (2010). 世論挑発 集める支持――扇動社会 5. Retrieved December 11, 2010, from http://www.asahi.com/special/sendoushakai/TKY201005070342.html

Bandura, A. (1977). Self-efficacy: Toward a Unifying Theory of Behavioral Change. *Psychological Review, 84*(2), 191–215. doi:10.1037/0033-295X.84.2.191

Binder, J., Zagefka, H., Brown, R., Funke, F., Kessler, T., Mummendey, A., & Leyens, J.-P. (2009). Does Contact Reduce Prejudice or Does Prejudice Reduce Contact?: A Longitudinal Test of the Contact Hypothesis among Majority and Minority Groups in Three European Countries. *Journal of Personality and Social Psychology, 96*(4), 843–56. doi:10.1037/a0013470

Brochu, P. M., Gawronski, B., & Esses, V. M. (2008). Cognitive Consistency and the Relation between Implicit and Explicit Prejudice:

Reconceptualizing Old-Fashioned, Modern, and Aversive Prejudice. In M. A. Morrison & T. D. Morrison (Eds.), *The Psychology of Modern Prejudice* (pp. 27–50). New York: Nova Science Publisers.

Brown, R., Eller, A., Leeds, S., & Stace, K. I. M. (2007). Intergroup Contact and Intergroup Attitudes?: A Longitudinal Study. *European Journal of Social Psychology, 37*, 692–703. doi:10.1002/ejsp

ビジネスジャーナル（2013）．アマゾン，ネット通販で売上高国内トップと判明 激化する楽天との攻防　ビジネスジャーナル Retrieved February 24, 2014, from http://biz-joural.jp/2013/02/post_1535.html

Cameron, L., & Rutland, A. (2006). Extended Contact through Story Reading in School: Reducing Children's Prejudice toward the Disabled. *Journal of Social Issues, 62*(3), 469–488. doi:10.1111/j.1540-4560.2006.00469.x

Cameron, L., Rutland, A., & Brown, R. (2007). Promoting Children's Positive Intergroup Attitudes towards Stigmatized Groups: Extended Contact and Multiple Classification Skills Training. *International Journal of Behavioral Development, 31*, 454–466.

Cameron, L., Rutland, A., Brown, R., & Douch, R. (2006). Changing Children's Intergroup Attitudes toward Refugees: Testing Different Models of Extended Contact. *Child Development, 77*(5), 1208?19. doi:10.1111/j.1467-8624.2006.00929.x

Central Intelligence Agency. (2014). The World Factbook. Retrieved January 21, 2014 from https://www.cia.gov/library/publications/the-world-factbook/geos/us.html

Christakis, N., & Fowler, J. (2009). *Connected: The Amazing Power of Social Networks and How They Shape Our Lives* (Epub Edition). London, UK: HarperCollins Publishers Ltd.

Crandall, C. S., & Eshleman, A. (2003). A Justification-Suppression Model of the Expression and Experience of Prejudice. *Psychological Bulletin, 129*(3), 414?446. doi:10.1037/0033-2909.129.3.414

Cuddy, A. J. C., Fiske, S. T., Kwan, V. S. Y., Glick, P., Demoulin, S., Leyens, J.-P. et al. (2009). Stereotype Content Model across Cultures: Towards Universal Similarities and Some Differences. *The British Journal of Social Psychology, 48*(1), 1-33. doi:10.1348/014466608X314935

Dawkins, R. M. (1976). The Selfish Gene. Oxford, England: Oxford University Press. (日高敏隆・岸由二・羽田節子・垂水雄二(訳) (1991) 利己的な遺伝子 増補改題『生物＝生存機械論』東京：紀伊國屋書店)

Devine, P. G. (1989). Stereotypes and Prejudice: Their Automatic and Controlled Components. *Journal of Personality and Social Psychology, 56*(1), 5-18. doi:10.1037//0022-3514.56.1.5

Dindia, K., & Allen, M. (1992). Sex Differences in Self-Disclosure: A Meta-Analysis. *Psychological Bulletin, 112*(1), 106-24.

Dixon, T. L., & Linz, D. (2000). Overrepresentation and Underrepresentation of African Americans and Latinos as Lawbreakers on Television News. *Journal of Communication, 50*(2), 131-154.

Dovidio, J. F., & Gaertner, S. L. (2000). Aversive Racism and Selection Decisions: 1989 and 1999. *Psychological Science, 11*(4), 315-319.

Duckitt, J. (2001). A Dual-Process Cognitive-Motivational Theory of Ideology and Prejudice. In M. P. Zanna (Ed.), *Advances in Experimental Social Psychology* (Vol. 33, pp. 41-113). San Diego, CA: Academic Press.

Duckitt, J., & Sibley, C. G. (2007). Right Wing Authoritarianism, Social Dominance Orientation and The Dimensions of Generalized Prejudice. *European Journal of Personality, 130* (May 2006), 113-130. doi:10.1002/per

Duriez, B., van Hiel, A., & Kossowska, M. (2005). Authoritarianism and Social Dominance in Western and Eastern Europe: The Importance of the Sociopolitical Context and of Political Interest and Involvement. *Political Psychology, 26*, 299-320.

Ekehammar, B., Akrami, N., Gylje, M., & Zakrisson, I. (2004). What Matters Most to Prejudice: Big Five Personality, Social Dominance Orientation, or Right - Wing Authoritarianism? *European Journal of Personality, 18*(6), 463–482.

Elvestad, E., & Blekesaune, A. (2008). Newspaper Readers in Europe: A Multilevel Study of Individual and National Differences. *European Journal of Communication, 23*(4), 425–447. doi:10.1177/0267323108096993

facenavi. (2012). Twitter 日本人ユーザー・データ調査 フォロワー数, ツイート数など. Retrieved Janurary, 16, 2014, from http://facebook.boo.jp/twitter-user-survey-2012

Fackler, M. (2010). A New Wave of Dissent in Japan is Openly and Loudly Anti-Foreign. The New York Times, August 29, the evening edition.

Feather, N. T. (1984). Protestant Ethic, Conservatism, and Values. *Journal of Personality and Social Psychology, 46*(5), 1132–1141. doi:10.1037//0022-3514.46.5.1132

Feddes, A. R., Noack, P., & Rutland, A. (2009). Direct and Extended Friendship Effects on Minority and Majority Children's Interethnic Attitudes?: A Longitudinal Study. *Child Development, 80*(2), 377–390. doi:10.1111/j.1467-8624.2009.01266.x

Festinger, L., & Carlsmith, J. M. (1959). Cognitive Consequences of Forced Compliance. *Journal of Abnormal Psychology, 58*(2), 203–10.

藤田智博. (2011). インターネットと排外性の関連における文化差―日本・アメリカ比較調査の分析から. 年報人間科学, 32, 77–86.

Furnham, A., Bond, M., Heaven, P., Hilton, D., Lobel, T., Masters, J., & van Daalen, H. (1993). A Comparison of Protestant Work Ethic Beliefs in Thirteen Nations. *The Journal of Social Psychology, 133*, 185–197.

Furnham, A., & Reilly, M. (1991). A Cross-Cultural Comparison of Brit-

ish and Japanese Protestant Work Ethic and Just World Beliefs. *Psychologia, 34*, 1–14.

Gaertner, S. L., & Dovidio, J. F. (2005). Understanding and Addressing Contemporary Racism: From Aversive Racism to the Common In-group Identity Model. *Journal of Social Issues, 61*(3), 615–639. doi:10.1111/j.1540-4560.2005.00424.x

外務省北東アジア課. (2013). 最近の日韓関係. Retrieved February 25, 2014, from http://www.mofa.go.jp/mofaj/files/000005984.pdf

Gerbner, G., Gross, L., Morgan, M., & Signorielli, N. (1982). Charting the Mainstream: Television's Contributions to Political Orientations. *Journal of Communication, 32*(2), 100–127.

Goldberg, L. R., & Rosolack, T. K. (1994). The Big Five Factor Structure as an Integrative Framework: An Empirical Comparison with Eysenck's P-E-N Model. In C. F. J. Halverson, G. A. Kohnstamm, & R. P. . Martin (Eds.), *The Developing Structure of Temperament and Personality from infancy to Adulthood* (pp. 7–35). New York, NY: Erlbaum.

Greenberg, J. (1978). Equity, Equality, and the Protestant Ethic: Allocating Rewards Following Fair and Unfair Competition. *Journal of Experimental Social Psychology, 14*, 217–226.

Greenwald, A. G., & Banaji, M. R. (1995). Implicit Social Cognition: Attitudes, Self-esteem, and Stereotypes. *Psychological Review, 102* (1), 4–27.

Greenwald, A. G., McGhee, D. E., & Schwartz, J. L. K. (1998). Measuring Individual Differences in Implicit Cognition: The Implicit Association Test. *Journal of Personality and Social Psychology, 74*(6), 1464–80.

原谷達夫・松山安雄・南寛. (1960). 民族的ステレオタイプと好悪感情についての一考察. 教育心理学研究, 8(1), 1–7.

Heath, C., Bell, C., & Sternberg, E. (2001). Emotional Selection in Memes: The Case of Urban Legends. *Journal of Personality and*

Social Psychology, 81(6), 1028-1041.
Hewstone, M., Cairns, E., Voci, A., Hamberger, J., & Niens, U. (2006). Intergroup Contact, Forgiveness, and Experience of "The Troubles" in Northern Ireland. *Journal of Social Issues, 62*(1), 99-120. doi:10.1111/j.1540-4560.2006.00441.x
樋口耕一.（2014）. 社会調査のための計量テキスト分析：内容分析の継承と発展を目指して. 京都：ナカニシヤ出版.
Hodson, G., Dovidio, J. F., & Gaertner, S. L. (2002). Processes in Racial Discrimination: Differential Weighting of Conflicting Information. *Personality and Social Psychology Bulletin, 28*(4), 460-471. doi:10.1177/0146167202287004
北海道環境生活部.（2006）. 北海道ウタリ生活実態調査.
法務省.（2015）. 平成26年末現在における在留外国人数について（確定値）. Retrieved June 6, 2015, from http://www.moj.go.jp/nyuukokukanri/kouhou/nyuukokukanri04_00050.html
自由国民社.（2013）.「現代用語の基礎知識」選 ユーキャン新語・流行語大賞 全受賞記録. Retrieved January 5, 2014, from http://singo.jiyu.co.jp/
Johnson, M. K., & Marini, M. M. (1998). Bridging the Racial Divide in the United States: The Effect of Gender. *Social Psychology Quarterly, 61*(3), 247. doi:10.2307/2787111
Johnston, E. (2006). Net Boards Venue for Faceless Rightists. The Japan Times, March 14, 2006.
株式会社ライブドア.（2011）. 国内最大級のブログサービス「livedoor Blog」で人気のブログ,「痛いニュース（ノ∀`)」が月間1億アクセスを突破！：プレスリリース2011年. プレスルーム－ライブドア. Retrieved from http://docs.livedoor.com/press/2011/0408528.html
Kahan, D., Slovic, P., Braman, D., Gastil, J., Cohen, G., & Kysar, D. (2008). Biased Assimilation, Polarization, and Cultural Credibility: An Experimental Study of Nanotechnology Risk Perceptions. Har-

vard Law School Program of Risk Regulation Research Paper, 8–25. Retrieved from http://papers.ssrn.com/sol3/papers.cfm?abstract_id=1090044

Kaspersky Lab. (2013). Spam in June 2013: Learn the Secret of Steve Jobs' Success. Retrieved January 9, 2014, from http://www.kaspersky.com/about/news/virus/2013/Spam_in_June_2013_Learn_the_secret_of_Steve_Jobs_success

Katz, I., & Hass, R. G. (1988). Racial Ambivalence and American Value Conflict: Correlational and Priming Studies of Dual Cognitive Structures. *Journal of Personality and Social Psychology, 55*(6), 893?905. doi:10.1037//0022-3514.55.6.893

警察庁警備局. (2013). 治安の回顧と展望 (2013年版). Retrieved from http://www.npa.go.jp/keibi/biki/kaiko_to_tenbou/H25/honbun.pdf

Kiesler, S., Siegel, J., & McGuire, T. W. (1984). Social Psychological Aspects of Computer-Mediated Communication. *American Psychologist, 39*(10), 1123?1134. doi:10.1037//0003-066X.39.10.1123

金東鶴. (2006). 在日朝鮮人の法的地位・社会的諸問題. In 朴鐘鳴 (編著) 在日朝鮮人の歴史と文化 (pp. 139–209). 東京：明石書店

金敬得. (1995). 新版 在日コリアンのアイデンティティと法的地位. 東京：明石書店.

金仙花. (2008). 中国朝鮮族と在日朝鮮人の比較研究：民族的アイデンティティをめぐって. 博士論文 (金沢大学).

Kinder, D. R., & Sears, D. O. (1981). Prejudice and Politics: Symbolic Racism Versus Racial Threats to the Good Life. *Journal of Personality and Social Psychology, 40*(3), 414–431. doi:10.1037//0022-3514.40.3.414

小林哲郎. (2012). ソーシャルメディアと分断化する社会的リアリティ. 人工知能学会誌, 27(1), 51–58.

小林哲郎・池田謙一. (2007). 若年層の社会化過程における携帯メール利用の効果?：パーソナル・ネットワークの同質性・異質性と寛容

性に注目して．社会心理学研究，23(1)，82–94.
厚生労働省．(2013)．被保護者調査．Retrieved Janurary 31, 2014, from http://www.e-stat.go.jp/SG1/estat/GL02100104.do?gaid=GL02100102&tocd=00450312
厚生労働省．(2013)．自立した生活の実現と暮らしの安心．平成二五年版厚生労働白書 ―若者の意識を探る．Retrieved January 12, 2014, from http://www.mhlw.go.jp/wp/hakusyo/kousei/13/dl/2-04.pdf
許 直 人．(2013)．【スマホ版】mixi, Twitter, Facebook, LINE, カカオ 2012年12月ソーシャルメディア最新視聴率調査【VRI】in the loop. Retrieved January 1, 2014, from http://media.looops.net/naoto/2013/02/12/vri-sm3-2012-12/
Leach, C. W. (2005). Against the Notion of a "New Racism." *Journal of Community and Applied Social Psychology, 15*(6), 432–445. doi:10.1002/casp.841
Lapiere, R. T. (1934). Attitudes vs. Actions. Social Forces, 13(2), 230–237. doi:10.2307/2570339
Lee, K. M. (2006). Effects of Internet Use on College Students' Political Efficacy. *Cyberpsychology and Behavior, 9*(4), 415–22. doi:10.1089/cpb.2006.9.415
Ma, L.-C. (1986). The Protestant Ethic Among Taiwanese College Students. *Journal of Psychology, 120*, 219–224.
McConahay, J. B. (1983). Modern Racism and Modern Discrimination: The Effects of Race, Racial Attitudes, and Context on Simulated Hiring Decisions. *Personality and Social Psychology Bulletin, 9*(4), 551–558. doi:10.1177/0146167283094004
McConahay, J. B. (1986). Modern Racism, Ambivalence, and the Modern Racism Scale. In J. F. Dovidio & S. L. Gaertner (Eds.), *Prejudice, Discrimination, and Racism* (pp. 91–125). Orlando, FL: Academic Press.
McConahay, J. B., & Hough, J. C. (1976). Symbolic Racism. *Journal of Social Issues, 32*(2), 23–45. doi:10.1111/j.1540-4560.1976.tb02493.x

Melican, D. B., & Dixon, T. L. (2008). News on the Net: Credibility, Selective Exposure, and Racial Prejudice. *Communication Reseach, 35*, 151-168.

Mirels, H., & Garrett, J. (1971). The Protestant Ethic as a Personality Variable. *Journal of Consulting and Clinical Psychology, 36*(1), 40-44.

水沼友宏・菅原真紀・池内淳．(2013)．大学生の Twitter における行動規範に関する分析．情報社会学会誌，8(1)，23-37.

守真弓．(2014)．売れるから「嫌中憎韓」書店に専用棚／週刊誌，何度も扱う．朝日新聞．Retrieved February 28, 2014, from http://digital.asahi.com/articles/DA3S10972937.html?_requesturl=articles/DA3S10972937.html&iref=comkiji_txt_end_s_kjid_DA3S10972937

内閣府大臣官房政府広報室．(2013)．外交に関する世論調査 —内閣府．Retrieved from http://www8.cao.go.jp/survey/h25/h25-gaiko/index.html

仲尾宏．(1997)．在日韓国・朝鮮人問題の基礎知識．東京：明石書店.

NEC ビッグローブ (2012)．ツイッター分析：BIGLOBE が 11 月の Twitter 利用動向を発表：企業の公式アカウントによる“心に直接呼びかける”ツイートが話題に．ついっぷるトレンド．Retrieved January 2, 2014, from http://tr.twipple.jp/info/bunseki/201211.html

Norton, M. I., & Sommers, S. R. (2011). Whites See Racism as a Zero-Sum Game that They are Now Losing. *Perspectives on Psychological Science, 6*(3), 215-218.

Nyhan, B., & Reifler, J. (2010). When Corrections Fail: The Persistence of Political Misperceptions. *Political Behavior, 32*, 303-330.

荻上チキ．(2007)．ウェブ炎上：ネット群衆の暴走と可能性．東京：筑摩書房.

荻上チキ．(2011)．検証 東日本大震災の流言・デマ．東京：光文社.

Paolini, S., Hewstone, M., Cairns, E., & Voci, A. (2004). Effects of Direct and Indirect Cross-Group Friendships on Judgments of Catholics and Protestants in Northern Ireland: the Mediating Role of an

Anxiety-Reduction Mechanism. *Personality and Social Psychology Bulletin, 30*(6), 770–86. doi:10.1177/0146167203262848

Pettigrew, T. F., Christ, O., Wagner, U., & Stellmacher, J. (2007). Direct and Indirect Intergroup Contact Effects on Prejudice: A Normative Interpretation. *International Journal of Intercultural Relations, 31*(4), 411–425. doi:10.1016/j.ijintrel.2006.11.003

Pettigrew, T. F., & Meertens, R. (1995). Subtle and Blatant Prejudice in Western Europe. *European Journal of Social Psychology, 25*, 57–75.

Pettigrew, T. F., & Tropp, L. R. (2006). A Meta-Analytic Test of Intergroup Contact Theory. *Journal of Personality and Social Psychology, 90*(5), 751–83. doi:10.1037/0022-3514.90.5.751

Pratto, F., Sidanius, J., Stallworth, L. M., & Malle, B. F. (1994). Social Dominance Orientation: A Personality Variable Predicting Social and Political Attitudes. *Journal of Personality and Social Psychology, 67*(4), 741–763. doi:10.1037/0022-3514.67.4.741

race. (2005/2008). In *The New Oxford American Dictionary*. Oxford, UK: Oxford University Press.

Ross, L., Lepper, M. R., & Hubbard, M. (1975). Perseverance in Self-Perception and Social Perception: Biases Attributional Processes in the Debriefing Paradigm. *Journal of Personality and Social Psychology, 32*, 1004–1013.

産経新聞. (2010). 無年金世代が高齢化 10 年前の 2.2 倍 大阪市 外国人生活保護. 産経新聞大阪本社版 2010 年 6 月 14 日.

佐藤哲也・杉岡賢治・内藤孝一. (2003). インターネット利用者の政治意識. 日本社会情報学会学会誌, 15(2), 27–38.

Sears, D. O., & Henry, P. J. (2003). The Origins of Symbolic Racism. *Journal of Personality and Social Psychology, 85*(2), 259–275. doi: 10.1037/0022-3514.85.2.259

Sears, D. O., & Henry, P. J. (2005). Over Thirty Years Later: A Contemporary Look at Symbolic Racism. In M. P. Zanna (Ed.), *Ad-*

vances in Experimental Social Psychology (Vol. 37, pp. 95–150). San Diego, CA: ElsevierAcademic Press.

Sears, D. O., & Jessor, T. (1996). Whites' Racial Policy Attitudes: The Role of White Racism. *Social Science Quarterly, 77*(4), 751–759.

Sears, D. O., van Laar, C., Carrillo, M., & Kosterman, R. (1997). Is it Really Racism?: The Origins of White Americans' Opposition to Race-Targeted Policies. *Public Opinion Quarterly, 61*(1), 16–53.

関根健介. (2013). mixi, Twitter, Facebook, Google+, Linkedin 2013年3月最新ニールセン調査. in the loop. Retrieved December 27, 2013, from http://media.looops.net/sekine/2013/05/08/neilsen-netview-201303/

Sidanius, J., Pratto, F., & Bobo, L. (1994). Social Dominance Orientation and the Political Psychology of Gender: A Case of Invariance? *Journal of Personality and Social Psychology, 67*(6), 998–1011.

総務省統計研修所. (2010). 日本の統計 2010.

Stangor, C. (2008). The Study of Stereotyping, Prejudice, and Discrimination Within Social Psychology: A Quick History of Theory and Research. In T. D. Nelson (Ed.), *Handbook of Prejudice, Stereotyping, and Discrimination* (pp. 1–22).

Stroud, N. J. (2007). Media Use and Political Predispositions: Revisiting the Concept of Selective Exposure. *Political Behavior, 30*(3), 341?366. doi:10.1007/s11109-007-9050-9

杉谷陽子. (2007). メールはなぜ「話しやすい」のか？：CMC (Computer-Mediated Communication) における自己呈示効力感の上昇. 社会心理学研究, 22(3), 234–244.

Swim, J. K., Aikin, K. J., Hall, W. S., & Hunter, B. A. (1995). Sexism and Racism: Old-Fashioned and Modern Prejudices. *Journal of Personality and Social Psychology, 68*(2), 199–214. doi:10.1037//0022-3514.68.2.199

週プレ NEWS. (2012). ネット右翼に贈る「非国民のススメ」2012年12月31日. Retrieved January 01, 2014, from http://wpb.shueisha.

co.jp/2012/12/31/16265/
高比良美詠子・安藤玲子・坂元章．(2006)．縦断調査による因果関係の推定：インターネット使用と攻撃性の関係．パーソナリティ研究，15(1)，87-102. doi:10.2132/personality.15.87
田中秀樹．(2011)．EC 市場の現状と EC への取り組みのポイント (2)．富士通総研．Retrieved February 24, 2014, from http://jp.fujitsu.com/group/fri/column/opinion/201104/2011-4-2.html
田中宏．(1995)．新版　在日外国人：法の壁，心の溝 東京：岩波書店．
Tarman, C., & Sears, D. O. (2008). The Conceptualization and Measurement of Symbolic Racism. *The Journal of Politics, 67*(3), 731-761. doi:10.1111/j.1468-2508.2005.00337.x
Thomsen, L., Green, E. G. T., & Sidanius, J. (2008). We will Hunt them Down: How Social Dominance Orientation and Right-Wing Authoritarianism Fuel Ethnic Persecution of Immigrants in Fundamentally Different Ways. *Journal of Experimental Social Psychology, 44*(6), 1455-1464. doi:10.1016/j.jesp.2008.06.011
辻大介．(2009)．研究室からのメディア・リポート：調査データから探る「ネット右翼」の実態．ジャーナリズム，(226)，62-69.
Turner, R. N., Hewstone, M., & Voci, A. (2007). Reducing Explicit and Implicit Outgroup Prejudice via Direct and Extended Contact: The Mediating Role of Self-Disclosure and Intergroup Anxiety. *Journal of Personality and Social Psychology, 93*(3), 369-88. doi:10.1037/0022-3514.93.3.369
Turner, R. N., Hewstone, M., Voci, A., & Vonofakou, C. (2008). A Test of the Extended Intergroup Contact Hypothesis: The Mediating Role of Intergroup Anxiety, Perceived Ingroup and Outgroup Norms, and Inclusion of the Outgroup in the Self. *Journal of Personality and Social Psychology, 95*(4), 843-60. doi:10.1037/a0011434
Twitter Inc. (2012). Twitter プライバシーポリシー．Retrieved October 14, 2014, from https://twitter.com/privacy/previous/version_6
Valkenburg, P. M., & Peter, J. (2009). Social Consequences of the Inter-

net for Adolescents: A Decade of Research. *Current Directions in Psychological Science, 18*(1), 1–5. doi:10.1111/j.1467-8721.2009.01595.x

Vorauer, J. D., Main, K. J., & O'Connell, G. B. (1998). How do Individuals Expect to be Viewed by Members of Lower Status Groups? Content and Implications of Meta-Stereotypes. *Journal of Personality and Social Psychology, 75*(4), 917–37. Retrieved from http://www.ncbi.nlm.nih.gov/pubmed/9825528

Walls, N. E. (2008). Toward a Multidimensional Understanding of Heterosexism: the Changing Nature of Prejudice. *Journal of Homosexuality, 55*(1), 20–70. doi:10.1080/00918360802129287

Weber, M. (1905/1920). Die Protestantische Ethik und der "Geist" des Kapitalismus. Tubingen: Verlag von J. C. B. More.
(大塚久雄（訳）(1989)　プロテスタンティズムの倫理と資本主義の精神　東京：岩波書店)

Whitley, B. E. J., & Kite, M. E. (2006). The Psychology of Prejudice and Discrimination. Belmont, CA: Thomson Wadsworth.

Wright, S. C., Aron, A., McLaughlin-Volpe, T., & Ropp, S. A. (1997). The Extended Contact Effect: Knowledge of Cross-Group Friendships and Prejudice. *Journal of Personality and Social Psychology, 73*(1), 73–90. doi:10.1037//0022-3514.73.1.73

安田浩一．(2012)．ネットと愛国：在特会の「闇」を追いかけて．東京：講談社.

Ybarra, M. L., & Mitchell, K. J. (2008). How Risky are Social Networking Sites? A Comparison of Places Online where Youth Sexual Solicitation and Harassment Occurs. *Pediatrics, 121*(2), 350–357. doi:10.1542/peds.2007-0693

読売新聞　(2012)．朝鮮学校，来年度から高校授業料無償化適用外に. YOMIURI ONLINE（読 売 新 聞）Retrieved February 25, 2014, from http://www.yomiuri.co.jp/politics/news/20121228-OYT1T00416.htm

吉野耕作．(1997)．文化ナショナリズムの社会学：現代日本のアイデンティティ．愛知：名古屋大学出版会．
在中国日本国大使館．(2012)．中国国内における反日デモ等に関する注意喚起（9月13日）．Retrieved February 25, 2014, from http://www.cn.emb-japan.go.jp/consular_j/joho120913-1_j.htm
在日特権を許さない市民の会．(n.d.)．在日特権を許さない市民の会．Retrieved December 30, 2013, from http://www.zaitokukai.info/
Zárate, M. A. (2008). Racism in the 21th Century. In T. Nelson (Ed.), *Handbook of Prejudice, Stereotyping, and Discrimination* (pp. 387-406). New York: Psychological Press.